STARK

Original-Prüfungsaufgaben
mit Lösungen

2016

REALSCHULABSCHLUSS

Englisch

Sachsen

2009–2015

MP3-CD

STARK

Die Hintergrundgeräusche auf der CD stammen aus folgenden Quellen:
Freesound, Pacdv und Partners in Rhyme.

19. ergänzte Auflage
www.stark-verlag.de

Inhalt

Fortsetzung siehe nächste Seite

Sprachpraktischer Teil

Original-Prüfungsaufgaben

Jeweils im Herbst erscheinen die neuen Ausgaben
der Abschlussprüfungsaufgaben mit Lösungen.

Autoren

Petra Mäbert, Radebeul und Silvia Schmidt, Radebeul

Vorwort

Liebe Schülerin, lieber Schüler,

das vorliegende Buch hilft dir, zielsicher auf das Niveau der schriftlichen Abschlussprüfung zu gelangen. Es enthält von uns ausgearbeitete **Lösungen** mit nützlichen **Hinweisen und Tipps**. Die ausführlicheren **Erläuterungen** zu den einzelnen Aufgabenteilen machen dich mit den Anforderungen für den **schriftlichen Teil** der Prüfung und den **sprachpraktischen Teil**, der mit einem Partner zu absolvieren ist, vertraut. **Übungsaufgaben** speziell für die mündliche Prüfung ermöglichen es dir, deine Sprechfertigkeit gezielt zu schulen und zu erweitern.

Sollten nach Erscheinen dieses Bandes noch wichtige Änderungen in der Abschlussprüfung 2016 vom Staatsministerium für Kultus bekannt gegeben werden, findest du aktuelle Informationen dazu im Internet unter:
www.stark-verlag.de/pruefung-aktuell

In der Hoffnung, dass dieses Buch ein wertvoller Begleiter auf dem Weg zur Abschlussprüfung wird, wünschen wir allen Schülerinnen und Schülern viel Erfolg bei der Erlangung ihres Realschulabschlusses.

Petra Mäbert
Silvia Schmidt

Hinweise und Tipps zum Realschulabschluss in Sachsen

Die schriftliche Prüfung zum Realschulabschluss Englisch umfasst drei Aufgabenbereiche: Nachweis des Hörverstehens, Nachweis des Leseverständnisses sowie Nachweis der Fähigkeiten und Fertigkeiten beim Schreiben (das grammatische Kenntnisse, gelenktes und freies Schreiben beinhaltet). Die zur Verfügung stehende Zeit beträgt 15 Minuten zum Vertrautmachen mit den Aufgaben und 180 Minuten zur Lösung.
Dabei sind folgende Hilfsmittel gestattet:

- Wörterbuch Deutsch-Englisch / Englisch-Deutsch (in gedruckter Form)
- Schulübliches Nachschlagewerk zur Grammatik
- Nachschlagewerk zur deutschen Rechtschreibung

Nachweis des Hörverständnisses

In diesem Aufgabenteil soll der Nachweis erbracht werden, dass man das „gesprochene englische Wort" hörend verstehen und somit den Inhalt erfassen kann. Dabei werden eine Geschichte, ein Bericht oder Situationen aus dem Alltagsleben von Muttersprachlern in normalem Sprechtempo vorgetragen. Zu den Hörtexten müssen verschiedene Aufgaben gelöst werden. Der Text oder die Texte werden zweimal vorgespielt. Es ist wichtig, vor dem Hören alle Aufgaben zum Hörverstehen gründlich zu lesen.
Möglich sind folgende Aufgabenstellungen:

1. Das Vervollständigen von Mindmaps, Tabellen, Diagrammen o. Ä.
2. Das Beantworten von Fragen zur gegebenen Problematik. (Falls es *post-listening tasks* gibt, kann auch verlangt sein, dass du Bezug auf deine eigenen Erfahrungen nimmst.)
3. *right/wrong* bzw. *true/false*
4. *multiple choice*
5. Vervollständigen von Lückentexten
6. Ordnen von Satzfragmenten
7. Auffinden von Fehlern
8. Formulieren von Fragen, die sich aus dem Thema heraus ergeben.

Nachweis des Leseverständnisses

Hier ist ein Text mit einem bestimmten Umfang an unbekannter Lexik inhaltlich zu erfassen. Die Überprüfung kann mithilfe verschiedener Aufgabenstellungen erfolgen:

1. *multiple choice* – d. h., aus verschiedenen vorgegebenen Aufgabenlösungen in englischer Sprache soll die richtige Lösung herausgefunden und markiert werden.
2. *true – false – not in the text* – d. h., es werden Aussagen des Textes bzw. zum Text in englischer Sprache vorgegeben, die als „richtig – falsch – nicht im Text" markiert werden sollen.
   Hinweis: Beachte, dass die Aussagen sich nur auf den Textinhalt beziehen und kein Wissen darüber hinaus erfragen!
3. Finden von Zitaten im Text, d. h., Sachverhalte zum Inhalt des Textes werden sinngemäß in englischer Sprache vorgegeben. Die dieser Aussage entsprechende Textstelle soll herausgefunden werden.
4. Vervollständigen oder Ordnen von Satzfragmenten aus dem Text, d. h., begonnene Sätze müssen anhand des Textes vervollständigt bzw. ungeordnete Satzteile müssen zusammengefügt werden.
5. Richtigstellen von fehlerhaften Aussagen zum Text, d. h., Aussagen müssen korrigiert werden. Das kann z. B. bedeuten, dass ein Wort ausgetauscht, Zahlen korrigiert oder falsche Zeitformen verbessert werden müssen.
6. Finden oder Zuordnen von Teilüberschriften zu einzelnen Textpassagen oder umgekehrt.
7. Sinngemäßes Übertragen, Zusammenfassen oder Wiedergeben von Hauptgedanken eines vorgegebenen Textes in eigenen Worten entsprechend unseres muttersprachlichen Gebrauchs.

Nachweis der schriftlichen Sprachproduktion (Schreiben)

1. ***Language components:*** Ausgehend von einem kurzen Text, der sich inhaltlich am Gesamtthema der Übung oder auch Prüfung orientiert, soll durch *multiple choice* entschieden werden, welches der vorgegebenen Beispiele das richtige in Bezug auf den Kontext ist. Es sind Entscheidungen im Bereich der Lexik und der Grammatik zu fällen.

2. ***Guided writing*** (gelenktes Schreiben) kann in Form folgender Aufgabenstellungen geschehen:
   - Bilder, Zeitungsartikel, Anzeigen
   - Vervollständigung eines Dialoges, Ausfüllen von Formularen
   - sinngemäßes Übertragen von Sachverhalten aus dem Deutschen ins Englische
     Beispiel: Sage, dass es dir leid tut, dass du zu spät gekommen bist.
     Sorry I'm late. / Sorry for being late.
     Hierbei sind mehrere Formulierungen, die dem Sinn der Aussage entsprechen, möglich.

- Reagieren auf Aussagen in Briefen, Auszügen, E-Mails usw.
- Einbeziehung von Netzwerken, Mindmaps, Gedankenkarten

3. ***Creative writing*** (freies Schreiben) bedeutet, einen Text von ca. 180 Wörtern in englischer Sprache zu einem vorgegebenen Thema zu schreiben. Dabei soll die eigene Meinung ausgedrückt, diskutiert und argumentiert werden. Hier kann zwischen mehreren Themen gewählt werden. Wird die vorgegebene Wortzahl überschritten, gibt es keinen Abzug bei der Bewertung.
   Bei den Lösungen in diesem Buch handelt es sich um Vorschläge, wie man bei den verschiedenen Themen vorgehen kann.

   Hinweis zur Bewertung: Es ist zu beachten, dass dem **Inhalt** der Essays eine hohe Bedeutung beigemessen wird. Das heißt, es erfolgt eine Gewichtung zugunsten des Inhalts. Bewertet werden dabei die Themenbezogenheit, Folgerichtigkeit und Ausführlichkeit bzw. Aussagekraft der Darlegung.
   Die **sprachliche Gestaltung** wird nach dem Grad der Sprachbeherrschung (Rechtschreibung, Grammatik), dem Gebrauch vielfältiger sprachlicher Strukturen und ihrer Komplexität bewertet. Dazu gehören die Verwendung eines umfangreichen Wortschatzes, Variabilität in den Satzstrukturen (Konditional-, Relativsätze, Gerundium) und gelungene Textverknüpfungen.

Nachweis der mündlichen Sprachfertigkeiten (Sprachpraktischer Teil)

Nach Absolvierung des schriftlichen Teils gilt es, sprachpraktische Fähigkeiten nachzuweisen. Dieser Teil der Prüfung wird zu zweit oder zu dritt mündlich durchgeführt und dauert bei zwei Teilnehmern 25 Minuten, bei drei Teilnehmern 35 Minuten. Er gliedert sich in zwei Abschnitte:

1. Presentation

Hier werden komplexe Arbeiten aus dem Unterricht (möglich sind alle Fächer) vorgestellt. Es wird erläutert, wie die Arbeit entstanden ist, was erreicht wurde und welche Erfahrungen gesammelt wurden.
Gliedere deinen Vortrag wie folgt:

- Vorstellen des Themas
- Erläuterung der Arbeitsweise (Einzel, Partner- oder Gruppenarbeit/Beschaffung von Material/Darstellung von Problemen bei der Erarbeitung)
- Ergebnispräsentation und Schlussfolgerungen

2. Reaction

Dieser Abschnitt untergliedert sich nochmals in drei Teile. Insgesamt wird dieser Teil unter dem Begriff **Reaction** zusammengefasst, weil die Prüfungsteilnehmer auf verschiedene Gesprächspartner (zweiten Prüfling und Lehrer) in unterschiedlichen Gesprächssituationen reagieren müssen.

- Express in English (Dialog der Schüler miteinander)
- Interview (Gespräch zwischen prüfendem Lehrer und Schüler)
- Communication (Diskussion der Schüler miteinander zu einem in der Prüfung vorgegebenen Thema)

Im Folgenden findest du einige Wendungen, die dir helfen, deine Meinung gut auf Englisch auszudrücken. Lerne die Ausdrücke auswendig und achte auch bereits im Unterricht darauf, dass du deine Äußerungen möglichst abwechslungsreich formulierst. So wird es dir in der mündlichen Prüfung leichter fallen, dich auf Englisch gut auszudrücken.

- I think …
- In my opinion …
- But don't forget that …
- First …, second … and finally …
- I don't think so.
- OK, but …
- I (don't) agree with you.
- You're right, but …
- So let's …
- I suggest …
- What do you think about …
- So we come to the following result …
- Let me summarize …
- Finally …

Viel Erfolg in der Prüfung!

Kurzgrammatik

Besonderheiten einiger Wortarten

1 Adjektive und Adverbien – *Adjectives and Adverbs*

Bildung und Verwendung von Adverbien – *Formation and Use of Adverbs*

Bildung Adjektiv + *-ly*	glad → gladly
Ausnahmen: • *-y* am Wortende wird zu *-i*	easy → easily funny → funnily
• auf einen Konsonanten folgendes *-le* wird zu *-ly*	simple → simply probable → probably
• *-ic* am Wortende wird zu *-ically* Ausnahme:	fantastic → fantastically public → publicly

Beachte: • Unregelmäßig gebildet wird:	good → well
• Endet das Adjektiv auf *-ly*, so kann kein Adverb gebildet werden; man verwendet deshalb: *in a* + Adjektiv + *manner/way*	friendly → in a friendly manner
• In einigen Fällen haben Adjektiv und Adverb dieselbe Form, z. B.:	daily, early, fast, hard, long, low, weekly, yearly
• Manche Adjektive bilden zwei Adverbformen, die sich in der Bedeutung unterscheiden, z. B.:	

Adj./Adv.	**Adv. auf *-ly***
hard schwierig, hart	*hardly* kaum
late spät	*lately* neulich, kürzlich
near nahe	*nearly* beinahe

The task is hard. (adjective)
Die Aufgabe ist schwierig.
She works hard. (adverb)
Sie arbeitet hart.
She hardly works. (adverb)
Sie arbeitet kaum.

Verwendung Adverbien bestimmen	
• Verben,	She easily found her brother in the crowd. *Sie fand ihren Bruder leicht in der Menge.*
• Adjektive,	This band is extremely famous. *Diese Band ist sehr berühmt.*
• andere Adverbien oder	He walks extremely quickly. *Er geht äußerst schnell.*
• einen ganzen Satz näher.	Fortunately, nobody was hurt. *Glücklicherweise wurde niemand verletzt.*

Beachte: Nach bestimmten Verben steht nicht das Adverb, sondern das Adjektiv: • Verben, die einen **Zustand** ausdrücken, z. B.: *to be* sein *to become* werden *to get* werden *to seem* scheinen *to stay* bleiben	Everything seems quiet. *Alles scheint ruhig zu sein.*
• Verben der **Sinneswahrnehmung**, z. B.: *to feel* sich anfühlen *to look* aussehen *to smell* riechen *to sound* sich anhören *to taste* schmecken	This dress looks fantastic! *Dieses Kleid sieht toll aus!*

Steigerung des Adjektivs – *Comparison of Adjectives*

Bildung Man unterscheidet:	
• Grundform/Positiv *(positive)*	Peter is young.
• Komparativ *(comparative)*	Jane is younger.
• Superlativ *(superlative)*	Paul is the youngest.

Steigerung auf *-er, -est*	
• einsilbige Adjektive	old, older, oldest *alt, älter, am ältesten*
• zweisilbige Adjektive, die auf *-er, -le, -ow* oder *-y* enden	clever, cleverer, cleverest *klug, klüger, am klügsten*
	simple, simpler, simplest *einfach, einfacher, am einfachsten*
	narrow, narrower, narrowest *eng, enger, am engsten*
	funny, funnier, funniest *lustig, lustiger, am lustigsten*
Beachte:	
• stummes *-e* am Wortende entfällt	simple, simpler, simplest
• nach einem Konsonanten wird *-y* am Wortende zu *-i-*	funny, funnier, funniest
• nach kurzem Vokal wird ein Konsonant am Wortende verdoppelt	fit, fitter, fittest

Steigerung mit *more …, most …*	
• zweisilbige Adjektive, die nicht auf *-er, -le, -ow* oder *-y* enden	useful, more useful, most useful *nützlich, nützlicher, am nützlichsten*
• Adjektive mit drei und mehr Silben	difficult, more difficult, most difficult *schwierig, schwieriger, am schwierigsten*

Unregelmäßige Steigerung	
Die unregelmäßig gesteigerten Adjektive muss man auswendig lernen. Einige sind hier angegeben:	good, better, best *gut, besser, am besten*
	bad, worse, worst *schlecht, schlechter, am schlechtesten*
	many, more, most *viele, mehr, am meisten*
	much, more, most *viel, mehr, am meisten*
	little, less, least *wenig, weniger, am wenigsten*

Steigerungsformen im Satz – *Sentences with Comparisons*

Es gibt folgende Möglichkeiten, Steigerungen im Satz zu verwenden:	
• **Positiv:** Zwei oder mehr Personen oder Sachen sind **gleich oder ungleich:** *(not) as* + Grundform des Adjektivs + *as*	Anne is as tall as John (and Steve). *Anne ist genauso groß wie John (und Steve).* John is not as tall as Steve. *John ist nicht so groß wie Steve.*
• **Komparativ:** Zwei oder mehr Personen/Sachen sind **verschieden** (größer/besser …): Komparativform des Adjektivs + *than*	Steve is taller than Anne. *Steve ist größer als Anne.*
• **Superlativ:** Eine Person oder Sache wird besonders hervorgehoben (der/die/das größte/beste …): *the* + Superlativform des Adjektivs	Steve is the tallest boy in class. *Steve ist der größte Junge in der Klasse.*

Steigerung des Adverbs – *Comparison of Adverbs*

Adverbien können wie Adjektive auch gesteigert werden.	
• Adverbien auf *-ly* werden mit *more, most* bzw. mit *less, least* gesteigert.	She talks more quickly than John. *Sie spricht schneller als John.*
• Adverbien, die dieselbe Form wie das Adjektiv haben, werden mit *-er, -est* gesteigert.	fast – faster – fastest early – earlier – earliest
• Manche Adverbien haben unregelmäßige Steigerungsformen, z. B.:	well – better – best badly – worse – worst little – less – least much – more – most

Die Stellung von Adverbien im Satz

Adverbien können verschiedene Positionen im Satz einnehmen:	
• Am **Anfang des Satzes**, vor dem Subjekt *(front position)*	Tomorrow he will be in London. *Morgen [betont] wird er in London sein.* Unfortunately, I can't come to the party. *Leider kann ich nicht zur Party kommen.*

- **Im Satz** *(mid position)*
  vor dem Vollverb,

  She often goes to school by bike.
  Sie fährt oft mit dem Rad in die Schule.

  nach *to be*,

  She is already at home.
  Sie ist schon zu Hause.

  nach dem ersten Hilfsverb.

  You can even go swimming there.
  Man kann dort sogar schwimmen gehen.

- Am **Ende des Satzes** *(end position)*

  He will be in London tomorrow.
  Er wird morgen in London sein.

  Gibt es mehrere Adverbien am Satzende, so gilt die **Reihenfolge**: Art und Weise – Ort – Zeit *(manner – place – time)*

  The snow melts slowly in the mountains at springtime.
  Im Frühling schmilzt der Schnee langsam in den Bergen.

2 Artikel – *Article*

Der **bestimmte Artikel** steht, wenn man von einer **ganz bestimmten Person oder Sache** spricht.

The cat is sleeping on the sofa.
Die Katze schläft auf dem Sofa. [nicht irgendeine Katze, sondern eine bestimmte]

Beachte: Der bestimmte Artikel steht unter anderem **immer** in folgenden Fällen:

- **abstrakte Begriffe**, die näher erläutert sind

  The agriculture practised in the USA is very successful.
  Die Landwirtschaft, wie sie in den USA praktiziert wird, ist sehr erfolgreich.

- **Gebäudebezeichnungen**, wenn man vom Gebäude und nicht von der Institution spricht

  The university should be renovated soon.
  Die Universität sollte bald renoviert werden.

- **Eigennamen im Plural** (Familiennamen, Gebirge, Inselgruppen, einige Länder etc.)

  the Johnsons, the Rockies, the Hebrides, the Netherlands, the USA

- Namen von **Flüssen** und **Meeren**

  the Mississippi, the North Sea, the Pacific Ocean

Der **unbestimmte Artikel** steht, wenn man von einer **nicht näher bestimmten Person oder Sache** spricht.

A man is walking down the road.
Ein Mann läuft gerade die Straße entlang. [irgendein Mann]

Beachte: In einigen Fällen steht **stets** der unbestimmte Artikel:	
• **Berufsbezeichnungen** und **Nationalitäten**	She is an engineer. *Sie ist Ingenieurin.* He is a Scot(sman). *Er ist Schotte.*
• Zugehörigkeit zu einer **Religion** oder **Partei**	She is a Catholic. *Sie ist katholisch.* He is a Tory. *Er ist Mitglied der Tories.*

In diesen Fällen steht **kein Artikel**:	
• **nicht zählbare** Nomen wie z. B. **Stoffbezeichnungen**	Gold is very valuable. *Gold ist sehr wertvoll.*
• **abstrakte Nomen** ohne nähere Bestimmung	Buddhism is widespread in Asia. *Der Buddhismus ist in Asien weit verbreitet.*
• **Kollektivbegriffe**, z. B. *man, youth, society*	Man is responsible for global warming. *Der Mensch ist für die Klimaerwärmung verantwortlich.*
• **Institutionen**, z. B. *school, church, university, prison*	We went to school together. *Wir gingen zusammen zur Schule.*
• **Mahlzeiten**, z. B. *breakfast, lunch*	Dinner is at 8 p.m. *Das Abendessen ist um 20 Uhr.*
• *by* + **Verkehrsmittel**	I went to school by bike. *Ich fuhr mit dem Fahrrad zur Schule.*
• **Personennamen** (auch mit Titel), **Verwandtschaftsbezeichnungen**, die wie Namen verwendet werden	Tom, Mr Scott, Queen Elizabeth, Dr Hill, Dad, Uncle Harry
• Bezeichnungen für **Straßen, Plätze, Brücken, Parkanlagen**	Fifth Avenue, Trafalgar Square, Westminster Bridge, Hyde Park
• Namen von **Ländern, Kontinenten, Städten, Seen, Inseln, Bergen**	France, Asia, San Francisco, Loch Ness, Corsica, Ben Nevis

3 Pronomen – *Pronouns*

Possessivpronomen – *Possessive Pronouns*

Possessivpronomen *(possessive pronouns)* verwendet man, um zu sagen, **wem etwas gehört**.
Steht ein Possessivpronomen allein, so wird eine andere Form verwendet als in Verbindung mit einem Substantiv:

mit Substantiv	ohne Substantiv		
my	*mine*	This is my bike.	– This is mine.
your	*yours*	This is your bike.	– This is yours.
his/her/its	*his/hers/–*	This is her bike.	– This is hers.
our	*ours*	This is our bike.	– This is ours.
your	*yours*	This is your bike.	– This is yours.
their	*theirs*	This is their bike.	– This is theirs.

Reflexivpronomen – *Reflexive Pronouns*

Reflexivpronomen *(reflexive pronouns)* **beziehen sich auf das Subjekt** des Satzes **zurück**. Es handelt sich also um dieselbe Person:

myself	I will buy myself a new car.
yourself	You will buy yourself a new car.
himself / herself / itself	He will buy himself a new car.
ourselves	We will buy ourselves a new car.
yourselves	You will buy yourselves a new car.
themselves	They will buy themselves a new car.

Beachte:

- Einige Verben stehen ohne Reflexivpronomen, obwohl im Deutschen mit „mich, dich, sich etc.“ übersetzt wird.

I apologize …
Ich entschuldige mich …
He is hiding.
Er versteckt sich.

- Einige Verben können sowohl mit einem Objekt als auch mit einem Reflexivpronomen verwendet werden. Dabei ändert sich die Bedeutung, z. B. bei *to control, to enjoy, to help, to occupy.*

He is enjoying the party.
Er genießt die Party.
She is enjoying herself.
Sie amüsiert sich.

He is helping the child.
Er hilft dem Kind.
Help yourself!
Bedienen Sie sich!

Reziprokes Pronomen – *Reciprocal Pronoun* ("each other/one another")

each other/one another ist unveränderlich. Es bezieht sich auf **zwei oder mehr Personen** und wird mit „sich (gegenseitig)/einander" übersetzt.

They looked at each other and laughed.
Sie schauten sich (gegenseitig) an und lachten.
oder:
Sie schauten einander an und lachten.

Beachte:
Einige Verben stehen ohne *each other*, obwohl im Deutschen mit „sich" übersetzt wird.

to meet	*sich treffen*
to kiss	*sich küssen*
to fall in love	*sich verlieben*

4 Präpositionen – *Prepositions*

Präpositionen *(prepositions)* drücken **räumliche, zeitliche oder andere Arten von Beziehungen** aus.

The ball is under the table.
He came home after six o'clock.

Die wichtigsten Präpositionen mit Beispielen für ihre Verwendung:

- *at*
  Ortsangabe: *at home* — I'm at home now. *Ich bin jetzt zu Hause.*
  Zeitangabe: *at 3 p.m.* — He arrived at 3 p.m. *Er kam um 15 Uhr an.*
- *by*
  Angabe des Mittels: *by bike* — She went to work by bike. *Sie fuhr mit dem Rad zur Arbeit.*
  Angabe der Ursache: *by mistake* — He did it by mistake. *Er hat es aus Versehen getan.*
  Zeitangabe: *by tomorrow* — You will get the letter by tomorrow. *Du bekommst den Brief bis morgen.*
- *for*
  Zeitdauer: *for hours* — We waited for the bus for hours. *Wir warteten stundenlang auf den Bus.*
- *from*
  Ortsangabe: *from Dublin* — Ian is from Dublin. *Ian kommt aus Dublin.*
  Zeitangabe: *from nine to five* — We work from nine to five. *Wir arbeiten von neun bis fünf Uhr.*
- *in*
  Ortsangabe: *in England* — In England, they drive on the left. *In England herrscht Linksverkehr.*

Zeitangabe: *in the morning* — They woke up in the morning.
Sie wachten am Morgen auf.

- *of*
  Ortsangabe: *north of the city* — The village lies north of the city.
  Das Dorf liegt nördlich der Stadt.

- *on*
  Ortsangabe: *on the left, on the floor* — On the left you see the London Eye.
  Links sehen Sie das London Eye.

  Zeitangabe: *on Monday* — On Monday she will buy the tickets.
  (Am) Montag kauft sie die Karten.

- *to*
  Richtungsangabe: *to the left* — Please turn to the left.
  Bitte wenden Sie sich nach links.

  Angabe des Ziels: *to London* — He goes to London every year.
  Er fährt jedes Jahr nach London.

5 Modale Hilfsverben – *Modal Auxiliaries*

Zu den **modalen Hilfsverben** *(modal auxiliaries)* zählen z. B. *can, may* und *must.*

Bildung

- Die modalen Hilfsverben haben für alle Personen **nur eine Form**: kein *-s* in der 3. Person Singular.

  I, you, he/she/it, we, you, they } must

- Auf ein modales Hilfsverb folgt der **Infinitiv ohne *to***.

  You must listen to my new CD.
  Du musst dir meine neue CD anhören.

- **Frage und Verneinung** werden nicht mit *do/did* umschrieben.

  Can you help me, please?
  Kannst du mir bitte helfen?

Die modalen Hilfsverben können nicht alle Zeiten bilden. Deshalb benötigt man **Ersatzformen** (können auch im Präsens verwendet werden).

- ***can*** (können)
  Ersatzformen:
  (to) be able to (Fähigkeit),
  (to) be allowed to (Erlaubnis)

  I can sing./I was able to sing.
  Ich kann singen. / Ich konnte singen.

  You can't go to the party./
  I wasn't allowed to go to the party.
  Du darfst nicht auf die Party gehen./
  Ich durfte nicht auf die Party gehen.

  Beachte: Im *simple past* und *conditional I* ist auch *could* möglich.

  When I was three, I could already ski.
  Mit drei konnte ich schon Ski fahren.

- ***may*** (dürfen) – sehr höflich
  Ersatzform: ***(to) be allowed to***

You may go home early./
You were allowed to go home early.
Du darfst früh nach Hause gehen./
Du durftest früh nach Hause gehen.

- ***must*** (müssen)
  Ersatzform: ***(to) have to***

He must be home by ten o'clock./
He had to be home by ten o'clock.
Er muss um zehn Uhr zu Hause sein./
Er musste um zehn Uhr zu Hause sein.

Beachte:
must not/mustn't = „nicht dürfen"

You must not eat all the cake.
Du darfst nicht den ganzen Kuchen essen.

„nicht müssen, nicht brauchen" =
not have to, needn't

You don't have to/needn't eat all the cake.
Du musst nicht den ganzen Kuchen essen./
Du brauchst nicht … zu essen.

Infinitiv, Gerundium oder Partizip? – Die infiniten Verbformen

6 Infinitiv – *Infinitive*

Der **Infinitiv** (Grundform des Verbs) **mit *to*** steht z. B. **nach**

- bestimmten **Verben**, z. B.:

to decide	(sich) entscheiden, beschließen
to expect	erwarten
to hope	hoffen
to manage	schaffen
to plan	planen
to promise	versprechen
to want	wollen

He decided to wait.
Er beschloss zu warten.

- bestimmten **Substantiven und Pronomen** *(something, anything)*, z. B.:

attempt	Versuch
idea	Idee
plan	Plan
wish	Wunsch

We haven't got anything to eat at home.
Wir haben nichts zu essen zu Hause.

It was her plan to visit him in May.
Sie hatte vor, ihn im Mai zu besuchen.

- bestimmten **Adjektiven** (auch in Verbindung mit *too/enough*) und deren Steigerungsformen, z. B.:

certain	sicher
difficult/hard	schwer, schwierig
easy	leicht

It was difficult to follow her.
Es war schwer, ihr zu folgen.

• **Fragewörtern**, wie z. B. *what, where, which, who, when, how* und nach *whether*. Diese Konstruktion ersetzt eine indirekte Frage mit modalem Hilfsverb.	We knew where to find her./ We knew where we would find her. *Wir wussten, wo wir sie finden würden.*

Die Konstruktion **Objekt + Infinitiv** wird im Deutschen oft mit einem „dass"-Satz übersetzt.
Sie steht z. B. **nach**

- bestimmten **Verben**, z. B.:

to allow	erlauben
to get	veranlassen
to help	helfen
to persuade	überreden

She allowed him to go to the cinema.
Sie erlaubte ihm, dass er ins Kino geht./ … ins Kino zu gehen.

- **Verb + Präposition**, z. B.:

to count on	rechnen mit
to rely on	sich verlassen auf
to wait for	warten auf

She relies on him to arrive in time.
Sie verlässt sich darauf, dass er rechtzeitig ankommt.

- **Adjektiv + Präposition**, z. B.:

easy for	leicht
necessary for	notwendig
nice of	nett
silly of	dumm

It is necessary for you to learn maths.
Es ist notwendig, dass du Mathe lernst.

- **Substantiv + Präposition**, z. B.:

opportunity for	Gelegenheit
idea for	Idee
time for	Zeit
mistake for	Fehler

Work experience is a good opportunity for you to find out which job suits you.
Ein Praktikum ist eine gute Gelegenheit, herauszufinden, welcher Beruf zu dir passt.

- einem **Adjektiv**, das durch ***too*** oder ***enough*** näher bestimmt wird.

The box is too heavy for me to carry.
Die Kiste ist mir zu schwer zum Tragen.

The weather is good enough for us to go for a walk. *Das Wetter ist gut genug, dass wir spazieren gehen können.*

7 Gerundium (-*ing*-Form) – *Gerund*

Bildung
Infinitiv + -*ing*

read → reading

Beachte:

• stummes *-e* entfällt	write → writing
• nach kurzem betontem Vokal: Schlusskonsonant verdoppelt	stop → stopping
• *-ie* wird zu *-y*	lie → lying

Verwendung

Die *-ing*-Form steht nach bestimmten Ausdrücken und kann verschiedene Funktionen im Satz einnehmen, z. B.:

- als **Subjekt** des Satzes

  Skiing is fun. *Skifahren macht Spaß.*

- nach bestimmten **Verben** (als **Objekt** des Satzes), z. B.:

to avoid	vermeiden
to enjoy	genießen, gern tun
to keep (on)	weitermachen
to miss	vermissen
to risk	riskieren
to suggest	vorschlagen

He enjoys reading comics.
Er liest gerne Comics.

You risk losing a friend.
Du riskierst, einen Freund zu verlieren.

- nach **Verb + Präposition**, z. B.:

to agree with	zustimmen
to believe in	glauben an
to dream of	träumen von
to look forward to	sich freuen auf
to talk about	sprechen über

She dreams of meeting a star.
Sie träumt davon, einen Star zu treffen.

- nach **Adjektiv + Präposition**, z. B.:

afraid of	sich fürchten vor
famous for	berühmt für
good/bad at	gut/schlecht in
interested in	interessiert an

He is afraid of losing his job.
Er hat Angst, seine Arbeit zu verlieren.

- nach **Substantiv + Präposition**, z. B.:

chance of	Chance, Aussicht
danger of	Gefahr
reason for	Grund
way of	Art und Weise

Do you have a chance of getting the job?
Hast du Aussicht, die Stelle zu bekommen?

- nach **Präpositionen** und **Konjunktionen der Zeit**, z. B.:

after	nachdem
before	bevor
by	indem, dadurch, dass
in spite of	trotz
instead of	statt

Before leaving the room he said goodbye.
Bevor er den Raum verließ, verabschiedete er sich.

8 Infinitiv oder Gerundium? – *Infinitive or Gerund?*

Einige Verben können sowohl **mit** dem **Infinitiv** als auch **mit der *-ing*-Form** stehen, **ohne** dass sich die **Bedeutung ändert**, z. B. *to love, to hate, to prefer, to start, to begin, to continue.*

I hate getting up early.
I hate to get up early.
Ich hasse es, früh aufzustehen.

Bei manchen Verben **ändert sich** jedoch die **Bedeutung**, je nachdem, ob sie mit Infinitiv oder mit der *-ing*-Form verwendet werden, z. B. *to remember, to forget, to stop.*

- *to remember* + Infinitiv: „daran denken, etwas zu tun“

  I must remember to post the invitations.
  Ich muss daran denken, die Einladungen einzuwerfen.

  to remember + *ing*-Form: „sich erinnern, etwas getan zu haben“

  I remember posting the invitations.
  Ich erinnere mich daran, die Einladungen eingeworfen zu haben.

- *to forget* + Infinitiv: „vergessen, etwas zu tun“

  Don’t forget to water the plants.
  Vergiss nicht, die Pflanzen zu gießen.

  to forget + *ing*-Form: „vergessen, etwas getan zu haben“

  I’ll never forget meeting the President.
  Ich werde nie vergessen, wie ich den Präsidenten traf.

- *to stop* + Infinitiv: „stehen bleiben, um etwas zu tun“

  I stopped to read the road sign.
  Ich hielt an, um das Verkehrsschild zu lesen.

  to stop + *ing*-Form: „aufhören, etwas zu tun“

  He stopped laughing.
  Er hörte auf zu lachen.

9 Partizipien – *Participles*

Partizip Präsens – *Present Participle*

Bildung
Infinitiv + *ing*
Sonderformen: siehe *gerund*
(S. G 11 f.)

talk → talking

Verwendung
Das *present participle* verwendet man:

- zur Bildung der Verlaufsform *present progressive,*

  Peter is reading.
  Peter liest (gerade).

- zur Bildung der Verlaufsform *past progressive,*

  Peter was reading when I saw him.
  Peter las (gerade), als ich ihn sah.

- zur Bildung der Verlaufsform *present perfect progressive,*

  I have been living in Sydney for 5 years.
  Ich lebe seit 5 Jahren in Sydney.

- zur Bildung der Verlaufsform *future progressive,*

  This time tomorrow I will be working.
  Morgen um diese Zeit werde ich arbeiten.

- wie ein Adjektiv, wenn es vor einem Substantiv steht.

  The village hasn't got running water.
  Das Dorf hat kein fließendes Wasser.

Partizip Perfekt – *Past Participle*

Bildung
Infinitiv + *-ed*

talk → talked

Beachte:

- stummes *-e* entfällt

  live → lived

- nach kurzem betontem Vokal wird der Schlusskonsonant verdoppelt

  stop → stopped

- *-y* wird zu *-ie*

  cry → cried

- unregelmäßige Verben (S. G 31 f.)

  be → been

Verwendung
Das *past participle* verwendet man

- zur Bildung des *present perfect,*

  He hasn't talked to Tom yet.
  Er hat noch nicht mit Tom gesprochen.

- zur Bildung des *past perfect*,

Before they went biking in France, they had bought new bikes.
Bevor sie nach Frankreich zum Radfahren gingen, hatten sie neue Fahrräder gekauft.

- zur Bildung des *future perfect*,

The letter will have arrived by then.
Der Brief wird bis dann angekommen sein.

- zur Bildung des Passivs,

The fish was eaten by the cat.
Der Fisch wurde von der Katze gefressen.

- wie ein Adjektiv, wenn es vor einem Substantiv steht.

Peter has got a well-paid job.
Peter hat eine gut bezahlte Stelle.

Verkürzung eines Nebensatzes durch ein Partizip

Adverbiale Nebensätze (meist kausale oder temporale Bedeutung) und **Relativsätze** können durch ein Partizip verkürzt werden.

She watches the news, because she wants to stay informed.
Wanting to stay informed, she watches the news.
Sie sieht sich die Nachrichten an, weil sie informiert bleiben möchte.

Aus der Zeitform des Verbs im Nebensatz ergibt sich, welches Partizip für die Satzverkürzung verwendet wird:

- Steht das Verb im Nebensatz im *present* oder *past tense* (*simple* und *progressive form*), verwendet man das *present participle*.

he finishes / he finished } → finishing

- Steht das Verb im Nebensatz im *present perfect* oder *past perfect*, verwendet man *having* + *past participle*.

he has finished / he had finished } → having finished

- Das *past participle* verwendet man auch, um einen Satz im Passiv zu verkürzen.

Sally is a manager in a five-star hotel which is called Pacific View.
Sally is a manager in a five-star hotel called Pacific View.

Beachte:

- Man kann einen Temporal- oder Kausalsatz verkürzen, wenn **Haupt- und Nebensatz dasselbe Subjekt** haben.

When he was walking down the street, he saw Jo.
(When) walking down the street, he saw Jo.
Als er die Straße entlangging, sah er Jo.

- Bei **Kausalsätzen** entfallen die Konjunktionen *as, because* und *since* im verkürzten Nebensatz.

As he was hungry, he bought a sandwich.
Being hungry, he bought a sandwich.
Da er hungrig war, kaufte er ein Sandwich.

- In einem **Temporalsatz** bleibt die einleitende **Konjunktion** häufig erhalten, um dem Satz eine **eindeutige Bedeutung** zuzuweisen.

When he left, he forgot to lock the door.
When leaving, he forgot to lock the door.
Als er ging, vergaß er, die Tür abzuschließen.

Tara got sick eating too much chocolate.
Tara wurde schlecht, als/während/da sie zu viel Schokolade aß.

Die Vorzeitigkeit einer Handlung kann durch ***after + present participle*** oder durch ***having + past participle*** ausgedrückt werden.

After finishing / Having finished breakfast, he went to work.
Nachdem er sein Frühstück beendet hatte, ging er zur Arbeit.

- Bei **Relativsätzen** entfallen die Relativpronomen *who, which* und *that.*

I saw a six-year-old boy who played the piano.
I saw a six-year-old boy playing the piano.
Ich sah einen sechsjährigen Jungen, der gerade Klavier spielte. / … Klavier spielen.

Verbindung von zwei Hauptsätzen durch ein Partizip

Zwei Hauptsätze können durch ein Partizip verbunden werden, wenn sie **dasselbe Subjekt** haben.

Beachte:

- Das Subjekt des zweiten Hauptsatzes und die Konjunktion *and* entfallen.
- Die Verbform des zweiten Hauptsatzes wird durch das Partizip ersetzt.

He did his homework and he listened to the radio.
He did his homework listening to the radio.
Er machte seine Hausaufgaben und hörte Radio.

Unverbundene Partizipialkonstruktionen – *Absolute Participle Constructions*

Unverbundene Partizipialkonstruktionen haben ein **eigenes Subjekt**, das nicht mit dem Subjekt des Hauptsatzes übereinstimmt. Sie werden in **gehobener Sprache** verwendet.
Mit einleitendem ***with*** werden sie auf allen Stilebenen verwendet.

The sun having come out, the ladies went for a walk in the park.
Da die Sonne herausgekommen war, gingen die Damen im Park spazieren.

With the telephone ringing, she jumped out of bed.
Als das Telefon klingelte, sprang sie aus dem Bett.

Bildung und Gebrauch der finiten Verbformen

10 Zeiten – *Tenses*

Simple Present

Bildung
Infinitiv, Ausnahme 3. Person Singular: Infinitiv + *-s*

stand – he/she/it stands

Beachte:

- Bei Verben, die auf *-s, -sh, -ch, -x* und *-z* enden, wird in der 3. Person Singular *-es* angefügt.

kiss – he/she/it kisses
rush – he/she/it rushes
teach – he/she/it teaches
fix – he/she/it fixes

- Bei Verben, die auf Konsonant + *-y* enden, wird *-es* angefügt; *-y* wird zu *-i-*.

carry – he/she/it carries

Bildung von Fragen im *simple present*
(Fragewort +) *do/does* + Subjekt + Infinitiv

Where does he live? / Does he live in London?
Wo lebt er? / Lebt er in London?

Beachte:
Die Umschreibung mit *do/does* wird nicht verwendet,

- wenn nach dem Subjekt gefragt wird (mit *who, what, which*),

Who likes pizza?
Wer mag Pizza?
Which tree has more leaves?
Welcher Baum hat mehr Blätter?

- wenn die Frage mit *is/are* gebildet wird.

Are you happy?
Bist du glücklich?

Bildung der Verneinung im *simple present*
don't/doesn't + Infinitiv

He doesn't like football.
Er mag Fußball nicht.

Verwendung
Das *simple present* wird verwendet:

- bei Tätigkeiten, die man **gewohnheitsmäßig** oder häufig ausführt
Signalwörter: z. B. *always, often, never, every day, every morning, every afternoon*

Every morning John buys a newspaper.
Jeden Morgen kauft John eine Zeitung.

- bei **allgemeingültigen** Aussagen

London is a big city.
London ist eine große Stadt.

- bei **Zustandsverben**: Sie drücken Eigenschaften / Zustände von Personen und Dingen aus und stehen normalerweise nur in der *simple form,* z. B. *to hate, to know, to like.*

I like science-fiction films.
Ich mag Science-Fiction-Filme.

Present Progressive / Present Continuous

Bildung
am/is/are + present participle

read → am/is/are reading

Bildung von Fragen im *present progressive*
(Fragewort +) *am/is/are* + Subjekt + *present participle*

Is Peter reading?/What is he reading?
Liest Peter gerade?/Was liest er?

Bildung der Verneinung im *present progressive*
am not/isn't/aren't + present participle

Peter isn't reading.
Peter liest gerade nicht.

Verwendung
Mit dem *present progressive* drückt man aus, dass etwas **gerade passiert** und **noch nicht abgeschlossen** ist. Es wird daher auch als **Verlaufsform** der Gegenwart bezeichnet.

Signalwörter: *at the moment, now*

At the moment, Peter is drinking a cup of tea.
Im Augenblick trinkt Peter eine Tasse Tee. [Er hat damit angefangen und noch nicht aufgehört.]

Simple Past

Bildung Regelmäßige Verben: Infinitiv + *-ed*	walk → walked
Beachte: • stummes *-e* entfällt	hope → hoped
• Bei Verben, die auf Konsonant + *-y* enden, wird *-y* zu *-i-*.	carry → carried
• Nach kurzem betontem Vokal wird der Schlusskonsonant verdoppelt.	stop → stopped
Unregelmäßige Verben: siehe Liste S. G 31 f.	be → was have → had
Bildung von Fragen im *simple past* (Fragewort +) *did* + Subjekt + Infinitiv	(Why) Did he look out of the window? *(Warum) Sah er aus dem Fenster?*
Beachte: Die Umschreibung mit *did* wird nicht verwendet,	
• wenn nach dem Subjekt gefragt wird (mit *who, what, which*),	Who paid the bill? *Wer zahlte die Rechnung?* What happened to your friend? *Was ist mit deinem Freund passiert?*
• wenn die Frage mit *was/were* gebildet wird.	Were you happy? *Warst du glücklich?*
Bildung der Verneinung im *simple past* *didn't* + Infinitiv	He didn't call me. *Er rief mich nicht an.*

Verwendung Das *simple past* beschreibt Handlungen und Ereignisse, die **in der Vergangenheit passierten** und **bereits abgeschlossen** sind. Signalwörter: z. B. *yesterday, last week/year, two years ago, in 2008*	Last week, he helped me with my homework. *Letzte Woche half er mir bei meinen Hausaufgaben. [Die Handlung fand in der letzten Woche statt, ist also abgeschlossen.]*

Past Progressive / Past Continuous

Bildung
was/were + present participle

watch → was/were watching

Verwendung
Die **Verlaufsform** *past progressive* verwendet man, wenn **zu einem bestimmten Zeitpunkt** in der Vergangenheit eine **Handlung ablief**, bzw. wenn eine **Handlung** von einer anderen **unterbrochen** wurde.

Yesterday at 9 o'clock I was still sleeping.
Gestern um 9 Uhr schlief ich noch.

I was reading a book when Peter came into the room.
Ich las (gerade) ein Buch, als Peter ins Zimmer kam.

Present Perfect (Simple)

Bildung
have/has + past participle

write → has/have written

Verwendung
Das *present perfect* verwendet man,

- wenn ein Vorgang **in der Vergangenheit begonnen** hat und **noch andauert**,

He has lived in London since 2008.
Er lebt seit 2008 in London.
[Er lebt jetzt immer noch in London.]

- wenn das Ergebnis einer vergangenen Handlung **Auswirkungen auf die Gegenwart** hat.

I have just cleaned my car.
Ich habe gerade mein Auto geputzt.
[Man sieht evtl. das saubere Auto.]

Signalwörter: z. B. *already, ever, just, how long, not ... yet, since, for*

Have you ever been to Dublin?
Warst du schon jemals in Dublin?

Beachte:

- *have/has* können zu *'ve/'s* verkürzt werden.

He's given me his umbrella.
Er hat mir seinen Regenschirm gegeben.

- Das *present perfect* wird oft mit *since* und *for* verwendet („seit").
  - ***since*** gibt einen **Zeitpunkt** an:

Ron has lived in Sydney since 2007.
Ron lebt seit 2007 in Sydney.

  - ***for*** gibt einen **Zeitraum** an:

Sally has lived in Berlin for five years.
Sally lebt seit fünf Jahren in Berlin.

Present Perfect Progressive / Present Perfect Continuous

Bildung
have/has + been + present participle

write → has/have been writing

Verwendung
Die **Verlaufsform** *present perfect progressive* verwendet man, um die **Dauer einer Handlung** zu **betonen**, die in der Vergangenheit begonnen hat und noch andauert.

She has been sleeping for ten hours.
Sie schläft seit zehn Stunden.

Past Perfect (Simple)

Bildung
had + past participle

write → had written

Verwendung
Die Vorvergangenheit *past perfect* verwendet man, wenn ein Vorgang in der Vergangenheit **vor einem anderen Vorgang in der Vergangenheit abgeschlossen** wurde.

He had bought a ticket before he took the train to Manchester.
Er hatte eine Fahrkarte gekauft, bevor er den Zug nach Manchester nahm. [Beim Einsteigen war der Kauf abgeschlossen.]

Past Perfect Progressive / Past Perfect Continuous

Bildung
had + been + present participle

write → had been writing

Verwendung
Die **Verlaufsform** *past perfect progressive* verwendet man für **Handlungen**, die in der Vergangenheit **bis zu dem Zeitpunkt andauerten**, zu dem eine neue Handlung einsetzte.

She had been sleeping for ten hours when the doorbell rang.
Sie hatte seit zehn Stunden geschlafen, als es an der Tür klingelte. [Das Schlafen dauerte bis zu dem Zeitpunkt an, als es an der Tür klingelte.]

Will-future

Bildung *will* + Infinitiv	buy → will buy
Bildung von Fragen im *will-future* (Fragewort +) *will* + Subjekt + Infinitiv	What will you buy? *Was wirst du kaufen?*
Bildung der Verneinung im *will-future* *won't* + Infinitiv	Why won't you come to our party? *Warum kommst du nicht zu unserer Party?*

Verwendung Das *will-future* verwendet man, wenn ein Vorgang **in der Zukunft stattfinden** wird:	
• bei Vorhersagen oder Vermutungen,	The weather will be fine tomorrow. *Das Wetter wird morgen schön (sein).*
• bei spontanen Entscheidungen.	*[doorbell]* "I'll open the door." *"Ich werde die Tür öffnen."*
Signalwörter: z. B. *tomorrow, next week, next Monday, next year, in three years, soon*	

Going-to-future

Bildung *am/is/are* + *going to* + Infinitiv	find → am/is/are going to find

Verwendung Das *going-to-future* verwendet man, wenn man ausdrücken will:	
• was man für die Zukunft **plant** oder **zu tun beabsichtigt**.	I am going to work in England this summer. *Diesen Sommer werde ich in England arbeiten.*
• dass ein **Ereignis bald eintreten wird**, da bestimmte **Anzeichen** vorhanden sind.	Look at those clouds. It's going to rain soon. *Schau dir diese Wolken an. Es wird bald regnen.*

Simple Present und *Present Progressive* zur Wiedergabe der Zukunft

Verwendung • Mit dem ***present progressive*** drückt man **Pläne** für die Zukunft aus, für die bereits **Vorkehrungen** getroffen wurden.	We are flying to New York tomorrow. *Morgen fliegen wir nach New York.* *[Wir haben schon Tickets.]*
• Mit dem ***simple present*** wird ein zukünftiges Geschehen wiedergegeben, das **von außen festgelegt** wurde, z. B. Fahrpläne, Programme, Kalender.	The train leaves at 8.15 a.m. *Der Zug fährt um 8.15 Uhr.* The play ends at 10 p.m. *Das Theaterstück endet um 22 Uhr.*

Future Progressive / Future Continuous

Bildung *will + be + present participle*	work → will be working
Verwendung Die **Verlaufsform** *future progressive* drückt aus, dass ein **Vorgang** in der Zukunft zu einem bestimmten Zeitpunkt **gerade ablaufen wird**. Signalwörter: *this time next week / tomorrow, tomorrow* + Zeitangabe	This time tomorrow I will be sitting in a plane to London. *Morgen um diese Zeit werde ich gerade im Flugzeug nach London sitzen.*

Future Perfect (Future II)

Bildung *will + have + past participle*	go → will have gone
Verwendung Das *future perfect* drückt aus, dass ein **Vorgang** in der Zukunft **abgeschlossen sein wird** (Vorzeitigkeit in der Zukunft). Signalwörter: *by then, by* + Zeitangabe	By 5 p.m. tomorrow I will have arrived in London. *Morgen Nachmittag um fünf Uhr werde ich bereits in London angekommen sein.*

11 Passiv – *Passive Voice*

Bildung

Form von *(to) be* in der entsprechenden Zeitform + *past participle*

The bridge was finished in 1894.
Die Brücke wurde 1894 fertiggestellt.

Zeitformen:

• *simple present*	*Aktiv:*	Joe buys the milk.
	Passiv:	The milk is bought by Joe.
• *simple past*	*Aktiv:*	Joe bought the milk.
	Passiv:	The milk was bought by Joe.
• *present perfect*	*Aktiv:*	Joe has bought the milk.
	Passiv:	The milk has been bought by Joe.
• *past perfect*	*Aktiv:*	Joe had bought the milk.
	Passiv:	The milk had been bought by Joe.
• *will-future*	*Aktiv:*	Joe will buy the milk.
	Passiv:	The milk will be bought by Joe.
• *future perfect (future II)*	*Aktiv:*	Joe will have bought the milk.
	Passiv:	The milk will have been bought by Joe.
• *conditional I*	*Aktiv:*	Joe would buy the milk.
	Passiv:	The milk would be bought by Joe.
• *conditional II*	*Aktiv:*	Joe would have bought the milk.
	Passiv:	The milk would have been bought by Joe.

Aktiv → Passiv

- Das Subjekt des Aktivsatzes wird zum Objekt des Passivsatzes. Es wird mit *by* angeschlossen.
- Das Objekt des Aktivsatzes wird zum Subjekt des Passivsatzes.
- Stehen im Aktiv **zwei Objekte**, lassen sich zwei verschiedene Passivsätze bilden. Ein Objekt wird zum Subjekt des Passivsatzes, das zweite bleibt Objekt.

  Beachte:
  Das indirekte Objekt muss im Passivsatz mit *to* angeschlossen werden.

Aktiv:	Joe (*Subjekt*)	buys	the milk. (*Objekt*)
Passiv:	The milk (*Subjekt*)	is bought	by Joe. (*by-agent*)

Aktiv:	They (*Subjekt*)	gave	her (*ind. Obj.*)	a ball. (*dir. Obj.*)
Passiv:	She (*Subjekt*)	was given		a ball. (*dir. Obj.*)

oder:

Aktiv:	They (*Subjekt*)	gave	her (*ind. Obj.*)	a ball. (*dir. Obj.*)
Passiv:	A ball (*Subjekt*)	was given		to her. (*ind. Obj.*)

Passiv → Aktiv

- Der mit *by* angeschlossene Handelnde *(by-agent)* des Passivsatzes wird zum Subjekt des Aktivsatzes; *by* entfällt.
- Das Subjekt des Passivsatzes wird zum Objekt des Aktivsatzes.
- Fehlt im Passivsatz der *by-agent*, muss im Aktivsatz ein Handelnder als Subjekt ergänzt werden, z. B. *somebody, we, you, they.*

Passiv:	The milk *Subjekt*	is bought	by Joe. *by-agent*
Aktiv:	Joe *Subjekt*	buys	the milk. *Objekt*

Passiv:	The match *Subjekt*	was won.	
Aktiv:	They *(ergänztes) Subjekt*	won	the match. *Objekt*

Der Satz im Englischen

12 Wortstellung – *Word Order*

Im Aussagesatz gilt die Wortstellung Subjekt – **Prädikat** – Objekt *(subject – verb – object):*

- Subjekt: Wer oder was tut etwas?
- Prädikat: Was wird getan?
- Objekt: Worauf/Auf wen bezieht sich die Tätigkeit?

Cats catch mice.
Katzen fangen Mäuse.

Für die Position von Orts- und Zeitangaben vgl. S. G 4 f.

13 Konditionalsätze – *Conditional Sentences*

Ein Konditionalsatz (Bedingungssatz) besteht aus zwei Teilen: einem Nebensatz *(if-clause)* und einem Hauptsatz *(main clause)*. Im ***if*-Satz** steht die **Bedingung** *(condition)*, unter der die im **Hauptsatz** genannte **Folge** eintritt. Man unterscheidet drei Arten von Konditionalsätzen:

Konditionalsatz Typ I

Bildung

- *if*-Satz (Bedingung): *simple present*

If you read this book,
Wenn du dieses Buch liest,

- Hauptsatz (Folge): *will-future*

you will learn a lot about music.
erfährst du eine Menge über Musik.

Der *if*-Satz kann auch nach dem Hauptsatz stehen. In diesem Fall entfällt das Komma:

- Hauptsatz: *will-future*

You will learn a lot about music
Du erfährst eine Menge über Musik,

- *if*-Satz: *simple present*

if you read this book.
wenn du dieses Buch liest.

Im Hauptsatz kann auch

- *can* + Infinitiv,

If you go to London, you can see Bob.
Wenn du nach London fährst, kannst du Bob treffen.

- *must* + Infinitiv,

If you go to London, you must visit me.
Wenn du nach London fährst, musst du mich besuchen.

- der Imperativ

If it rains, take an umbrella.
Wenn es regnet, nimm einen Schirm mit.

stehen.

Verwendung

Bedingungssätze vom Typ I verwendet man, wenn die **Bedingung erfüllbar** ist. Man gibt an, was unter bestimmten Bedingungen **geschieht** oder **geschehen kann**.

Konditionalsatz Typ II

Bildung

- *if*-Satz (Bedingung): *simple past*

If I went to London,
Wenn ich nach London fahren würde,

- Hauptsatz (Folge): *conditional I* = *would* + Infinitiv

I would visit the Tower.
würde ich mir den Tower ansehen.

Verwendung
Bedingungssätze vom Typ II verwendet man, wenn die **Bedingung nur theoretisch erfüllt** werden kann oder **nicht erfüllbar** ist.

Konditionalsatz Typ III

Bildung

- *if*-Satz (Bedingung): *past perfect*

If I had gone to London,
Wenn ich nach London gefahren wäre,

- Hauptsatz (Folge): *conditional II = would + have + past participle*

I would have visited the Tower of London.
hätte ich mir den Tower of London angesehen.

Verwendung
Bedingungssätze vom Typ III verwendet man, wenn sich die **Bedingung auf die Vergangenheit bezieht** und deshalb **nicht mehr erfüllbar** ist.

14 Relativsätze – *Relative Clauses*

Ein Relativsatz ist ein Nebensatz, der sich **auf eine Person oder Sache** des Hauptsatzes **bezieht** und diese **näher beschreibt**:

The boy who looks like Jane is her brother.
Der Junge, der Jane ähnlich sieht, ist ihr Bruder.

- Hauptsatz: The boy … is her brother.
- Relativsatz: … who looks like Jane …

Bildung
Haupt- und Nebensatz werden durch das Relativpronomen verbunden.

- ***who*** (Nominativ oder Akkusativ),

Peter, who lives in London, likes travelling.
Peter, der in London lebt, reist gerne.

whose (Genitiv) und

Sam, whose mother is an architect, is in my class.
Sam, dessen Mutter Architektin ist, geht in meine Klasse.

whom (Akkusativ) beziehen sich auf **Personen**,

Anne, whom/who I like very much, is French.
Anne, die ich sehr mag, ist Französin.

- ***which*** bezieht sich auf **Sachen**,

The film "Dark Moon", which we saw yesterday, was far too long.
Der Film „Dark Moon", den wir gestern sahen, war viel zu lang.

- ***that*** kann sich auf **Sachen** und auf **Personen** beziehen und wird nur verwendet, wenn die **Information** im Relativsatz **notwendig** ist, um den ganzen Satz zu verstehen.

The film that we saw last week was much better.
Der Film, den wir letzte Woche sahen, war viel besser.

Verwendung
Mithilfe von Relativpronomen kann man **zwei Sätze miteinander verbinden**.

London is England's biggest city. London has about 7.2 million inhabitants.
London ist Englands größte Stadt.
London hat etwa 7,2 Millionen Einwohner.

London, which is England's biggest city, has about 7.2 million inhabitants.
London, die größte Stadt Englands, hat etwa 7,2 Millionen Einwohner.

Beachte:
Man unterscheidet zwei Arten von Relativsätzen:

- **Notwendige Relativsätze** *(defining relative clauses)* enthalten Informationen, die **für das Verständnis** des Satzes **erforderlich** sind.

The man who is wearing a red shirt is Mike.
Der Mann, der ein rotes Hemd trägt, ist Mike.

Hier kann das Relativpronomen entfallen, wenn es Objekt ist; man spricht dann auch von *contact clauses*.

The book (that) I bought yesterday is thrilling.
Das Buch, das ich gestern gekauft habe, ist spannend.

- **Nicht notwendige Relativsätze** *(non-defining relative clauses)* enthalten **zusätzliche Informationen** zum Bezugswort, die für das Verständnis des Satzes nicht unbedingt notwendig sind. Dieser Typ von Relativsatz wird **mit Komma** abgetrennt.

Sally**,** who went to a party yesterday**,** is very tired.
Sally, die gestern auf einer Party war, ist sehr müde.

15 Indirekte Rede – *Reported Speech*

Die indirekte Rede verwendet man, um **wiederzugeben, was ein anderer gesagt** oder **gefragt hat**.

Bildung
Um die indirekte Rede zu bilden, benötigt man ein **Einleitungsverb**.
Häufig verwendete Einleitungsverben sind:

to say, to tell, to add, to mention, to think, to ask, to want to know, to answer

In der indirekten Rede verändern sich die **Pronomen**, in bestimmten Fällen auch die **Zeiten** und die **Orts-** und **Zeitangaben**.

- Wie die Pronomen sich verändern, hängt vom jeweiligen **Kontext** ab.

direkte Rede	**indirekte Rede**
Bob says to Jenny: "I like you." *Bob sagt zu Jenny: „Ich mag dich."*	Jenny tells Liz: "Bob says that he likes me." *Jenny erzählt Liz: „Bob sagt, dass er mich mag."*
Aber:	Jenny tells Liz that Bob likes her. *Jenny erzählt Liz, dass Bob sie mag.*

- **Zeiten**:
  Keine Veränderung, wenn das Einleitungsverb im *simple present* oder im *present perfect* steht:

direkte Rede	**indirekte Rede**
Bob says, "I love dancing." *Bob sagt: „Ich tanze sehr gerne."*	Bob says (that) he loves dancing. *Bob sagt, er tanze sehr gerne.*

In folgenden Fällen wird die Zeit der direkten Rede in der indirekten Rede **um eine Zeitstufe zurückversetzt**, wenn das **Einleitungsverb** im ***simple past*** steht:	Bob said, "I love dancing." *Bob sagte: „Ich tanze sehr gerne."*	Bob said (that) he loved dancing. *Bob sagte, er tanze sehr gerne.*
simple present → *simple past*	Joe: "I like it."	Joe said he liked it.
simple past → *past perfect*	Joe: "I liked it."	Joe said he had liked it.
present perfect → *past perfect*	Joe: "I've liked it."	Joe said he had liked it.
will-future → *conditional I*	Joe: "I will like it."	Joe said he would like it.
• **Zeitangaben** verändern sich, wenn der Bericht zu einem späteren Zeitpunkt erfolgt, z. B.: • Welche **Ortsangabe** verwendet wird, hängt davon ab, wo sich der Sprecher im Moment befindet.	now → today → yesterday → the day before yesterday → tomorrow → next week → here →	then, at that time that day, yesterday the day before two days before the following day the following week there

Bildung der indirekten Frage Häufige Einleitungsverben für die indirekte Frage sind:	to ask, to want to know, to wonder	
• **Fragewörter** bleiben in der indirekten Rede **erhalten**. Die **Umschreibung** mit *do/does/did* **entfällt** in der indirekten Frage.	Tom: "When did they arrive?" *Tom: „Wann sind sie angekommen?"*	Tom asked when they had arrived. *Tom fragte, wann sie angekommen seien.*
• Enthält die direkte Frage **kein Fragewort**, wird die indirekte Frage mit ***whether*** oder ***if*** eingeleitet:	Tom: "Are they staying at the hotel?" *Tom: „Übernachten sie im Hotel?"*	Tom asked if/whether they were staying at the hotel. *Tom fragte, ob sie im Hotel übernachten.*

Befehle/Aufforderungen in der indirekten Rede Häufige Einleitungsverben sind:	to tell, to order, to ask	
In der indirekten Rede steht hier **Einleitungsverb + Objekt +** ***(not) to*** **+ Infinitiv**.	Tom: "Leave the room." *Tom: „Verlass den Raum."*	Tom told me to leave the room. *Tom forderte mich auf, den Raum zu verlassen.*

Anhang

16 Liste wichtiger unregelmäßiger Verben – *List of Irregular Verbs*

Infinitive	**Simple Past**	**Past Participle**	***Deutsch***
be	was/were	been	*sein*
begin	began	begun	*beginnen*
blow	blew	blown	*wehen, blasen*
break	broke	broken	*brechen*
bring	brought	brought	*bringen*
build	built	built	*bauen*
buy	bought	bought	*kaufen*
catch	caught	caught	*fangen*
choose	chose	chosen	*wählen*
come	came	come	*kommen*
cut	cut	cut	*schneiden*
do	did	done	*tun*
draw	drew	drawn	*zeichnen*
drink	drank	drunk	*trinken*
drive	drove	driven	*fahren*
eat	ate	eaten	*essen*
fall	fell	fallen	*fallen*
feed	fed	fed	*füttern*
feel	felt	felt	*fühlen*
find	found	found	*finden*
fly	flew	flown	*fliegen*
get	got	got	*bekommen*
give	gave	given	*geben*
go	went	gone	*gehen*
grow	grew	grown	*wachsen*
hang	hung	hung	*hängen*
have	had	had	*haben*
hear	heard	heard	*hören*
hit	hit	hit	*schlagen*
hold	held	held	*halten*
keep	kept	kept	*halten*
know	knew	known	*wissen*

Infinitive	Simple Past	Past Participle	*Deutsch*
lay	laid	laid	*legen*
leave	left	left	*verlassen*
let	let	let	*lassen*
lie	lay	lain	*liegen*
lose	lost	lost	*verlieren*
make	made	made	*machen*
meet	met	met	*treffen*
pay	paid	paid	*bezahlen*
put	put	put	*stellen/setzen*
read	read	read	*lesen*
ring	rang	rung	*läuten/anrufen*
run	ran	run	*rennen*
say	said	said	*sagen*
see	saw	seen	*sehen*
send	sent	sent	*schicken*
show	showed	shown	*zeigen*
sing	sang	sung	*singen*
sit	sat	sat	*sitzen*
sleep	slept	slept	*schlafen*
smell	smelt	smelt	*riechen*
speak	spoke	spoken	*sprechen*
spend	spent	spent	*ausgeben/ verbringen*
stand	stood	stood	*stehen*
steal	stole	stolen	*stehlen*
swim	swam	swum	*schwimmen*
take	took	taken	*nehmen*
teach	taught	taught	*lehren*
tell	told	told	*erzählen*
think	thought	thought	*denken*
throw	threw	thrown	*werfen*
wake	woke	woken	*aufwachen*
wear	wore	worn	*tragen*
win	won	won	*gewinnen*
write	wrote	written	*schreiben*

Realschulabschluss Englisch in Sachsen
Sprachpraktischer Teil: Übungsaufgaben

1 Presentation

Prepare a presentation on the topic "Light in our everyday lives".
As this is quite an open topic, first take your time to collect your ideas. Make a mind map, for example, and talk to your parents and friends about what "Light in our everyday lives" means to them. Then start working on the project. When you have finished your project, start preparing the presentation for the oral exam. Read through the tips on page III (Hinweise und Tipps zum Realschulabschluss in Sachsen) and structure your presentation accordingly.

2 Reaction

2.1 Express in English

a) Meeting a friend

Partner A	**Partner B**
Begrüße deine(n) Freund(in) und frage, wie es geht. Sage, dass ihr euch lange nicht gesehen habt.	
	Antworte freundlich auf die Begrüßung. Sage, dass ihr euch das letzte Mal beim Basketballspiel in Leipzig getroffen habt.
Frage, was dein(e) Freund/Freundin heute vorhat.	
	Sage, dass du einkaufen gehen willst und dass es dich stört, dass die Geschäfte so voll sind.
Du findest auch, dass zu viele Leute unterwegs sind. Aber du wunderst dich nicht, da es Wochenende ist.	
	Frage deinen Gesprächspartner, ob er/sie die vielen Graffiti gesehen hat.
Sage, dass du Graffiti toll findest, wenn sie gut gemacht sind. Auch hier sind beeindruckende Bilder zu sehen.	

	Sage, dass es dir gefällt, dass die langweiligen Bauzäune auf diese Art verschwinden und es eine tolle Gelegenheit für Sprayer ist, ihr Können zu zeigen.
Erkläre, dass es hier legal ist zu sprühen, aber an den Schulwänden oder am Bahnhof einfach hässliche Schmierereien sind.	
	Stimme zu. Sage, dass du es auch nicht gut findest, dass einige Jugendliche Kunst und Beschädigung verwechseln.

b) At a youth hostel

Partner A	**Partner B**
Begrüße den Gast und frage, wie du behilflich sein kannst.	
	Grüße ebenfalls und sage, dass du für dich und deine Freunde eine Übernachtung suchst.
Sage, dass du hoffst, entsprechende Zimmer anbieten zu können. Frage, wie viele Personen eine Übernachtung brauchen.	
	Sage, dass ihr zu viert seid und dass ihr zwei Nächte bleiben möchtet.
Erkläre, dass das kein Problem ist. Gerade sind einige Gäste abgereist. Frage, ob sie zwei 2- oder ein 4-Bett-Zimmer möchten.	
	Sage, dass ihr gern zwei 2-Bett-Zimmer hättet. Frage nach den Duschmöglichkeiten der Herberge.
Gib Auskunft, dass es auf jeder Etage Duschen gibt.	
	Drücke aus, dass ihr euch für die Zimmer interessiert. Frage nach dem Preis.
Antworte, dass eine Übernachtung 10 € pro Person und das Frühstück 4,50 € kosten.	

	Buche die Zimmer und erkundige dich, wann es Frühstück gibt.
Sage, dass man von 7–10 Uhr in der Jugendherberge frühstücken kann. Die Zimmer befinden sich in der zweiten Etage.	
	Bedanke dich für die Hilfe. Wünsche einen schönen Tag.

2.2 Interview

a) Talk about your family.

b) Do you have your own room? Describe it.

c) How did you relax after school?

d) What are you going to do after your exam today?

e) What are your favourite free-time activities?

f) Tell us something about your future job.

g) How did you feel at the beginning of your school time and how do you feel today?

2.3 Communication

a) Imagine your English pen friend has invited you on a day trip to London. After the sightseeing tour you've still got three hours till the beginning of the musical. Discuss whether to visit the Tower and Tower Bridge (interesting but expensive), Madame Tussauds (entertaining but very expensive!), London Dungeon (scary!) or the Science Museum (free entrance). Decide together what to do.

b) Imagine the following situation: you want to lose weight together with your partner because that's easier. But you have different ideas of how to be successful. Agree on a way to achieve your goal: less weight!

Partner A	**Partner B**
– You want to follow a diet only. – You don't like sports and you are no good at them.	– You want to eat normally and do sports such as jogging, Nordic walking, badminton or fitness training.

Lösungsvorschlag

1 Presentation

Hinweis: Hier handelt es sich um einen Lösungsvorschlag, das heißt, du brauchst nicht zu erschrecken, wenn deine Lösung ganz anders aussieht. Wichtig ist jedoch, dass du dir den Aufbau dieses Lösungsvorschlages genau ansiehst, denn auch in deiner Präsentation solltest du über folgende Aspekte sprechen:
Als Erstes musst du dein Thema vorstellen. Es kann sich um ein Modell aus dem Technikunterricht, um ein Plakat für Deutsch, oder um eine PowerPoint Präsentation im Fach Englisch handeln. Erkläre auch, warum du dich für dieses Thema entschieden hast (z. B. Aktualität, spezielle Interessen, Besonderheit der Aufgabenstellung).
Außerdem solltest du auf die Arbeitsweise eingehen: Hast du alleine, mit einem Partner oder in einer Gruppe gearbeitet? Erkläre, warum du dich für eine bestimmte Arbeitsform entschieden hast und erläutere auch die Vor- und Nachteile.
Darüber hinaus solltest du beschreiben, wie und wo du dir Material beschafft hast (z. B. Internet, Bibliothek, Zeitung, Interview) und wie du damit umgegangen bist, also wie du das Material strukturiert hast.
Dein Lehrer möchte auch erfahren, welche Schwierigkeiten bei der Erarbeitung auftraten und wie du damit umgegangen bist. Konntest du die Probleme selbst lösen oder hat dir jemand geholfen? Wie lange hast du insgesamt an deinem Projekt gearbeitet?
Schließlich solltest du noch ein paar Worte über das Ergebnis verlieren: Wie wurde die Arbeit bewertet? Warst du selbst mit deinem Ergebnis zufrieden und warum? Würdest du das nächste Mal etwas anders machen? Welche Schlussfolgerungen kannst du aus deiner Arbeit bzw. Arbeitsweise für die Zukunft ziehen?

Light in our everyday lives

I'd like to talk to you about a special project in art that I did this year. The topic I worked on was "Light in our everyday lives".
Our teacher allowed us to work alone or with a partner. First I wanted to work with a friend of mine but then we realised that it was quite difficult to organize, for example to decide on what to do and when to meet, so we soon agreed to work on our own. That was a good decision for me.
After collecting some ideas on how to handle this topic I had the idea to take photos of people in happy situations, situations that bring light into our lives or, to say it in other words, that brighten up our lives. I spoke with my family to help me. We made a list of happy occasions such as the birth of a baby, birthdays, the first day at school, a wedding, holidays and so on.

The next step was to make a plan where and when I could take such special photos. It was not always easy to find so many different motives, but in the end I got them – 120 different photos on light in our everyday lives.
This is my album. I made everything myself: the album and the photos!
I put 40 photos in it that show people who are happy, satisfied or sometimes proud. I stored the other 80 photos on a CD, which I also included in my album. For today I have prepared a slide show with the best pictures.
(Start the slide show on laptop and comment on the photos)
All in all I worked 40 to 50 hours on this project. I started in October and finished it in March. It was hard work, especially in the end, when I had to put everything together, but I also had lots of fun as you can see in some of the photos I took of my family. Look at the last photo: This is me after finishing my project! I was really happy at that moment.
Apart from having a good time, I also learned a lot: the topic opened my eyes for a lot of happiness in our everyday lives and, most importantly, I learned to take better photos. I have also enrolled in a photography course, which starts next month.
In the end I was very satisfied to get a really good mark for this album and my presentation.

2 Reaction

2.1 Express in English

Hinweis: Du erhältst für deinen Part deutsche Vorgaben, weißt aber nicht, welche Informationen deinem Gesprächspartner vorliegen. In einer Vorbereitungszeit von 10 Minuten kannst du deine Rolle erarbeiten. Achte bei der Dialogführung darauf, dass du deinen Gesprächspartner aussprechen lässt und dass du auch nachfragst, wenn du etwas nicht verstanden hast.

a) Meeting a friend

Begrüße deine(n) Freund(in) und frage, wie es geht. Sage, dass ihr euch lange nicht gesehen habt.	*Hi, nice to see you. How are you? We haven't seen each other for a long time.*
Hi! That's right. I think the last time we met was at the basketball match in Leipzig.	Antworte freundlich auf die Begrüßung. Sage, dass ihr euch das letzte Mal beim Basketballspiel in Leipzig getroffen habt.
Frage, was dein(e) Freund/Freundin heute vorhat.	*What are you going to do today?*
Oh, I'm going to go shopping. But the shops are terribly full.	Sage, dass du einkaufen gehen willst und dass es dich stört, dass die Geschäfte so voll sind.

Du findest auch, dass zu viele Leute unterwegs sind. Aber du wunderst dich nicht, da es Wochenende ist.	*Yes, I think so, too. A lot of people are out and about. But it doesn't surprise me, it´s the weekend!*
Have you seen all the graffiti?	Frage deinen Gesprächspartner, ob er/sie die vielen Graffiti gesehen hat.
Sage, dass du Graffiti toll findest, wenn sie gut gemacht sind. Auch hier sind beeindruckende Bilder zu sehen.	*Yes, they are great if they are done well. I like them. There are some very impressive ones here.*
It's good that the boring construction fences are camouflaged in this way. And it's a great opportunity for sprayers to show their abilities.	Sage, dass es dir gefällt, dass die langweiligen Bauzäune auf diese Art verschwinden und es eine tolle Gelegenheit für Sprayer ist, ihr Können zu zeigen.
Erkläre, dass es hier legal ist zu sprühen, aber an den Schulwänden oder am Bahnhof einfach hässliche Schmierereien sind.	*And it's legal to spray here. But the graffiti on the school walls and at the train station are just ugly.*
You're right. In my opinion some young people mix up art and property damage.	Stimme zu. Sage, dass du es auch nicht gut findest, dass einige Jugendliche Kunst und Beschädigung verwechseln.

b) At a youth hostel

Begrüße den Gast und frage, wie du behilflich sein kannst.	*Good morning. How can I help you? / Can I help you?*
Good morning. I'm looking for an accommodation for me and my friends.	Grüße ebenfalls und sage, dass du für dich und deine Freunde eine Übernachtung suchst.
Sage, dass du hoffst, entsprechende Zimmer anbieten zu können. Frage, wie viele Personen eine Übernachtung brauchen.	*I hope that I'll have the right rooms / appropriate rooms for you all. How many people need a room?*
We're a group of four and we'd like to stay for two nights.	Sage, dass ihr zu viert seid und dass ihr zwei Nächte bleiben möchtet.
Erkläre, dass das kein Problem ist. Gerade sind einige Gäste abgereist. Frage, ob sie zwei 2- oder ein 4-Bett-Zimmer möchten.	*That´s no problem. Some guests have just left. Would you like double rooms or would the four of you like to share one room?*

We'd like to take two double rooms. What about the showers?	Sage, dass ihr gern zwei 2-Bett-Zimmer hättet. Frage nach den Duschmöglichkeiten der Herberge.
Gib Auskunft, dass es auf jeder Etage Duschen gibt.	*There are showers on each floor.*
That sounds good. I think we'll take the rooms. How much is it per person?	Drücke aus, dass ihr euch für die Zimmer interessiert. Frage nach dem Preis.
Antworte, dass eine Übernachtung 10 € pro Person und das Frühstück 4,50 € kosten.	*One night costs 10 € a person. Breakfast is 4.50 €.*
That's fine. We'll take the rooms. When is breakfast time?	Buche die Zimmer und erkundige dich, wann es Frühstück gibt.
Sage, dass man von 7–10 Uhr in der Jugendherberge frühstücken kann. Die Zimmer befinden sich in der zweiten Etage.	*You can have breakfast from 7 to 10 o'clock. Your rooms are on the second floor.*
Thank you very much. Have a nice day.	Bedanke dich für die Hilfe. Wünsche einen schönen Tag.

2.2 Interview

Hinweis: Aus dem Englischunterricht ist dir die Gesprächstechnik mit deinem Lehrer vertraut. Im Interview möchte dein Fachlehrer mit dir über deinen persönlichen Lebensbereich sprechen. Beachte, dass Fragen über Vergangenes, Gegenwärtiges und Zukünftiges gestellt werden. Das heißt für dich, dass du dich in den Zeitformen gut auskennen solltest. Bei der Beantwortung der Fragen solltest du stets versuchen ausführlich zu antworten, d. h. vermeide wenn möglich Satzfetzen oder „3-Wort-Sätze".
Die folgenden Antworten sind wieder mögliche Beispielantworten. Hier kannst du dir Anregungen für ausführliche Antworten holen. Du kannst dir auch diese hilfreichen Wendungen notieren, die du dann in deiner persönlichen Antwort verwenden kannst.

a) We are a (happy) family of (four): my dad, my mum, my brother/sister and me.
My dad is … years old. He is a (plumber). My mum is … years old. She works as a (shop-assistant). My parents are always fair/nice/funny/…
My brother/sister is younger/older than me. He/She goes to grammar school. He/She is in year … My brother's hobbies are …/In her free time my sister likes to …

b) Yes, I have. It's not very big, but there's enough room for sleeping, reading, doing my homework, watching TV and playing games. My favourite possession is my new computer, which I got as a birthday present.

Or: No, I haven't. I share my room with my younger/older brother, which is a problem sometimes, because he's untidy and lazy and takes my clothes, CDs, etc. That makes me angry.

c) After school I ate a little lunch (that) my mum had prepared. Sometimes I cooked for myself. In that case I only had pasta with tomato sauce. Then I listened to music and played computer games.
Or: I met one of my friends and we went shopping.

d) After my exam today I'm going to meet my mum in the town centre. We want to celebrate that the final exams are nearly over and we want to buy new clothes for the school finishing party. I'm sure we'll go to a restaurant, too.

e) My favourite free-time activities are inline skating and swimming in summer, ice skating and skiing in winter. I love being around people and meeting friends. And I like reading, especially when it is raining outside.

f) In August I'm starting my apprenticeship. I want to become a (car mechanic), because I've always been interested in (cars). Unfortunately I have to move to another town, because I couldn't find an apprenticeship in my hometown. I'll have to live, learn and work in (Wolfsburg) for three years. But I hope I'll get a job here later, because I don't want to live too far away from my family and friends.

g) At the beginning of my school time I was very happy that I was a pupil finally and I was looking forward to learning how to read and write. I was curious about my teachers and future classmates. I was so excited that I wasn't able to eat my breakfast on my first school day.
Today I'm happy that the hard school time is almost over and I'm looking forward to starting a new part of my life that will enable me to earn my own money. Then I'll be able to do and buy what I want.

2.3 Communication

Hinweis: Im Communication-Teil steht das Gespräch / die Diskussion zu einem vorgegebenen Thema im Mittelpunkt. Dein Gesprächspartner und du erhaltet im Prüfungsraum die Aufgabe, euch mit einer bestimmten Thematik unvorbereitet auseinanderzusetzen. Wie du aus dem Unterricht weißt, helfen euch Bildimpulse, Überschriften und Stichwörter dabei, einen Einstieg zu finden.
Bei dieser Aufgabe kommt es darauf an, dich mit deinem Gesprächspartner auseinanderzusetzen, deine Argumente darzustellen und dich zu deinen Ansichten zu äußern. Gut ist es, wenn ihr am Ende auch eine Einigung erzielt oder eine Lösung findet. Lies dir die Beispieldialoge durch, um eine Vorstellung davon zu bekommen, wie ein solcher Dialog ablaufen kann.

a) Partner A and partner B are talking.

A: We still have three hours to do some more sightseeing. What about visiting the Tower and walking over Tower Bridge? They are the most famous sights of London and we can say that we've been there, too.

B: Oh, no. Madame Tussauds is much more interesting. Let's go there.

A: But the admission charge is so expensive. I've heard that one ticket costs about 18 pounds. I don't want to spend so much on one ticket.

B: Well, the Tower is quite expensive, too. If you don't want to spend so much on a ticket, we can also go to the Science Museum. You don't have to pay to visit the museum, but I'm not sure if you are that interested in science ….

A: Not really, but I've got another suggestion: let's go to London Dungeon. It's scary, but we're old enough. And we can learn something about the criminal history of London. I know that the tickets for the Dungeon are cheaper.

B: OK, then let's go to London Dungeon. And perhaps we'll have time to walk over Tower Bridge and take photos there.

b) Partner A and partner B are standing in front of a big mirror.

A: Oh, look. We must do something. We're too fat. Yesterday I read an interesting article about a new diet. It's easy to follow.

B: I'm sorry, but no diet! This diet food tastes terrible. We know which things are unhealthy and fattening. So eating normally and doing sports is better in order to lose weight.

A: Sports – who likes sports? I don't do sports at all.

B: Why don't you like sports? There are lots of different kinds of sports. Have you ever tried Nordic walking, badminton, jogging or fitness training in a studio?

A: No, I haven't. But I don't like sports because of my PE teacher. He was very strict and made jokes about me being weak.

B: OK, what do you think about this: We make a little wall display for our kitchen about healthy and unhealthy food and what and how much to drink. Then we try out some kinds of sports to find out which you would like to do. We can practise together and I promise you that I'll never laugh or joke.

A: OK, I agree. But if we aren't successful, we'll follow the diet.

B: I'm sure we'll lose weight!

Realschulabschluss Englisch (Sachsen)
Abschlussprüfung 2009

1 Listening (15 BE)

Music and legends of Canada

You will listen to a radio programme. There are 3 parts. You will hear each text twice.

Now have a look at the photo. Leela Gilday, 32, is a Canadian native singer and songwriter. In 2007 she won the Juno Award for Best Aboriginal Recording.

© Nadya Kwandibens

1. First listen to a radio interview with this singer and mark the correct option. (6 BE)

   a) Her music is

   ☐ a kind of pop music mixed with big band music.

   ☐ a mixture of pop and folk music with traditional elements.

   ☐ just folk music highlighted with symphonic elements.

   b) She grew up in

   ☐ Southern Canada, in the Province of Ontario.

   ☐ the far north of Canada surrounded by wonderful nature.

   ☐ Great Bear Lake, which is a large freshwater lake.

c) Her childhood was quite traditional because

☐ her dad was a hunter and her mum prepared traditional meals.

☐ she learned the Aboriginal language from her parents.

☐ her family made only Aboriginal music together with her.

d) As a child she and her family went out to

☐ drum dances.

☐ folk music events.

☐ opera performances.

e) The name of her last album is "Sedge" and that means

☐ "my heart".

☐ "my language".

☐ "my people".

f) In the future she wants to become

☐ a famous lawyer.

☐ an international artist.

☐ a popular doctor.

2. Now listen to a native legend. Which features are mentioned in the text? Mark correct options. (4 BE)

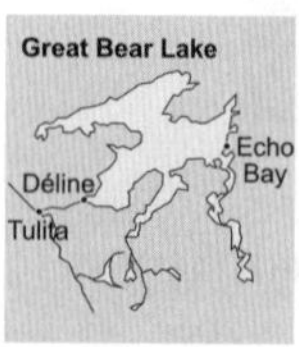

☐ the Great Bear Lake

☐ a bird

© Marc Slingerland/ sxc.hu

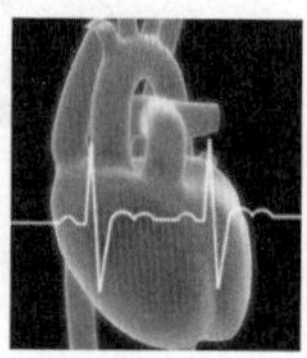

☐ a heart

© Sebastian Kaulitzki/ Dreamstime.com

☐ a native chief

© Elena Ioachim/ Dreamstime.com

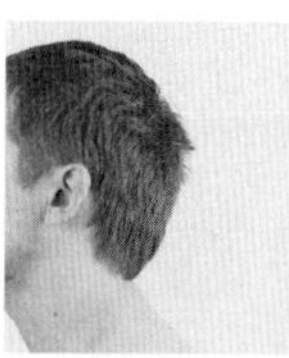

☐ a head

© Olira/Dreamstime.com

☐ a medicine man

© PKruger/ Dreamstime.com

☐ a fish

© Agata Urbaniak/sxc.hu

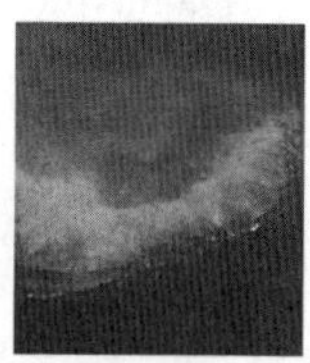

☐ the Great Barrier Reef

© Alexander Rist/sxc.hu

3. Listen to the student reporting about the Waterheart Project. Decide whether the following statements are *true* or *false*. Mark the correct option. (5 BE)

	true	false
a) The project started in the Spring of 2008.	☐	☐
b) The students interviewed the elders of their families.	☐	☐
c) In their interviews the students used the native language of their region.	☐	☐
d) In the legend the Waterheart is a symbol for a big lake.	☐	☐
e) In the project the students learned a lot about themselves.	☐	☐

2 Reading (15 BE)

2.1 Comprehension

Read texts 1–8. Then do tasks 1–3.

(1) **Kanata** means village or settlement in the language of the Iroquois*. In 1534 two Iroquois men told the French explorer Jacques Cartier how to travel to "kanata". But they were talking about their village. Cartier later named the whole region Canada. (*a native tribe)

Canada – a mosaic of different people

(2) With its perfect mix of nature and culture Canada, the world's second-largest country, is inhabited by only 33 million people, who come from all over the world. They bring their traditions with them and they've got lots of space to live their own way. Basically, the population is divided into English-speaking Canadians, French-speaking Canadians and aboriginals.

© Paco Navarro, 2009, www.exododw. com/ sxc.hu

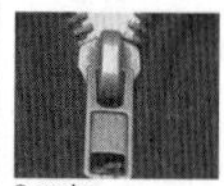

© sxc.hu

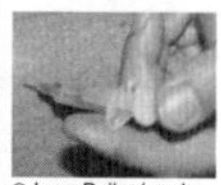

© Iwan Beijes/sxc.hu

(3) **From Canada to the world**

The plastic rubbish bag was invented by Canadian Harry Wasylyk from Winnipeg in 1950.

The zipper on your jeans or jacket was invented in Canada by Gideon Sundback in 1913.

The use of insulin to help diabetics was discovered in Canada in 1922 by Frederick Banting and Charles Best.

(5) **What makes Canadian singers so good?**

Few teenagers all over the world haven't heard a song by Avril Lavigne, who released her first album when she was 17 and is well-known for lyrics about teenage life. Avril Lavigne is just one of many excellent Canadian musicians: there are many more like Bryan Adams or Shania Twain. One possible reason for the success of today's Canadian artists is a special law from 1971. This requires the country's radio stations to play at least 35 % Canadian music. In 1982, three radio networks realised that there was not enough Canadian music to play. So together with the record industry they founded an organisation that lends money to the artists, helping them to finance tours and record albums.

(4) **A growing nation**

- During the last hundred years the number of aboriginals living in Canada increased from about 127,000 to almost one million.
- Today about 5.5 million immigrants live in Canada. But all of their children who are born in the country are automatically Canadian.

(6) **Did you know?**

Until 2003, Lavigne used to travel with a bag full of about 30 neckties. She stopped when she realised she was becoming more famous for her fashion ideas than for her music.

(7) **Lacrosse**

Have you ever heard of this sport? Some people say lacrosse is the oldest sport in the world, for others it's the fastest one on two feet. In fact, the first people who played lacrosse were Canada's aboriginals. They played it to honour the "Great Spirit", to thank their god. Soon lots of immigrants learned about the game and played it for fun. It was so popular that it became Canada's official sport in 1859. There are four types: field, women's field, box, and Inter-Crosse.

(8) **Jordee, 16, Yellowknife, Northwest Territories**

"My family is Chipewyan, but I have never learned the language. I've been a dogmusher since I was little. This winter I'm going to be in a 150-mile (240 km) dogsled race. Our 50 dogs live outside in warm little houses. I know how warm they are, because when I was younger I slept in one with the puppies! I love the lake and forest and all kinds of animals nearby. But it's really cold here. We have snow from October to May and in winter the temperature goes down to – 30 °C!"

1. Find the texts that match the following descriptions.
Write down one number per description. (4 BE)

	number
In this report you find the reason why Canadian music is so successful all over the world.	
This text explains the origin of the country's name.	
This text is about someone who has been living and working with animals nearly all her life.	
In this text you get to know what a young person included in her baggage and why she gave up doing that.	

2. Decide whether the following statements are *true* or *false*.
Mark the correct option. (3 BE)

	true	false
a) The aboriginal population grew immensely during the last century.	☐	☐
b) If people who settle in Canada give birth to a child there, this child has a Canadian citizenship.	☐	☐
c) Canada is a country with a high population density.	☐	☐

3. Find a content mistake in each of the following sentences and correct it. (3 BE)

Two Canadians discovered the use of insulin in 1913.

wrong: 1913 correct: 1922

a) For plenty of young people Avril Lavigne is rather unknown as a musician.

wrong: ______________ correct: ______________

b) Lots of Canadian immigrants played lacrosse to thank their god.

wrong: ______________ correct: ______________

c) As a young girl Jordee slept in a warm little kennel with her dolls.

wrong: ______________ correct: ______________

2.2 Mediation

(5 BE)

On the Internet hints and advice for journeys to Canada were collected. Read the information and write down five tips in German that are important for you as a European tourist going to Canada.

Travel Tips

Canada is a vast nation, larger in area than the entire European Community! For example, the train trip from Toronto to Vancouver takes three days.

Canada stretches across a total of six time zones. When it is noon in Paris or Frankfurt, clocks read 06:00 in Montreal and 03:00 in Victoria.

Electricity is supplied at an alternating current of 110 volts. An adaptor must be used with appliances from Europe or elsewhere that operate on a different voltage and it must have the right Canadian plug.

The legal currency in Canada is the Canadian dollar that you can get as bills of $ 100, $ 50, $ 20, $ 10 and $ 5 and as coins of $ 2 (toonie), $ 1 (loonie), $ 0.25 (quarter), $ 0.10 (dime), $ 0.05 (nickel) and $ 0.01 (penny). They also accept Canadian dollar travellers' cheques and most major credit cards. Tipping and service charges vary between 10 % and 15 % for taxis, restaurants and clubs.

The sale of spirits and wine is regulated and is generally limited to specialty shops open until 19:00. The minimum age required to consume an alcoholic beverage in public places varies between 18 and 21 years depending on the province or territory.

Cigarette smoking is generally prohibited in shopping centres and public office buildings.

3 Writing (40 BE)

3.1 Language components (10 BE)

Mark the correct option in the chart below.

Life in the Northwest

It is far from the international flavour of large Canadian cities like Toronto in the east and Vancouver in the west to the (**1**) natural beauty of Yellowknife on the Great Slave Lake in the Northwest Territory. It is not only the distance but also the (**2**) in lifestyle.

The Northwest Territories (NWT), one of the administrative districts, is in the Canadian Arctic and four times (**3**) than Germany, but only 41,000 people live there now. Many natural wonders can be found in the NWT, e. g. (**4**) Virginia Falls are about twice as high (**5**) the famous Niagara Falls in Ontario.

The Dene were the first people (**6**) settled in NWT. So the Dene and Inuit have (**7**) living there for a long time. Today the Inuit population of Canada is about 25,000. They (**8**) to the Arctic Region about 1,000 years ago.

If you (**9**) about the natives of the Arctic Region, prefer the word "Inuit", which means "people". The Canadian government gave the Inuit (**10**) own territory where they mostly spend life with hunting and fishing in the wilderness.

(1)	☐ big	☐ great	☐ huge	☐ large
(2)	☐ differ	☐ difference	☐ different	☐ differential
(3)	☐ big	☐ bigger	☐ biggest	☐ giant
(4)	☐ his	☐ it	☐ its	☐ it's
(5)	☐ as	☐ how	☐ like	☐ so
(6)	☐ which	☐ who	☐ whom	☐ whose
(7)	☐ be	☐ been	☐ was	☐ were
(8)	☐ have moved	☐ move	☐ moved	☐ moving
(9)	☐ speak	☐ speaking	☐ speaks	☐ spoke
(10)	☐ their	☐ there	☐ they're	☐ where

3.2 Guided writing (15 BE)

Write a letter to an English-speaking friend from Canada you met during your last holidays.* Please use these notes for your letter.

- lange nicht geschrieben – begründen (2 BE)
- heute Beginn der schriftlichen Prüfungen – sehr aufgeregt (2 BE)
- viel Zeit für Vorbereitung auf Prüfungen – harte Arbeit (2 BE)
- außerdem in Freizeit sehr beschäftigt mit Vorbereitung auf Abschlussfeier (2 BE)
- Pläne für die Sommerferien beschreiben – fragen nach seinen/ihren Plänen (3 BE)
- Vorschlag, gemeinsam etwas zu unternehmen (1 BE)

** Für die stilistische Qualität der sprachlichen Umsetzung können Sie bis zu 2 BE erhalten. 1 BE erhalten Sie für die angemessene Beachtung des Beginns und Endes des Briefes.*

3.3 Creative writing (15 BE)

Choose one topic and mark it. Write a text of about 180 words. Count your words.

☐ 1. **An object I need**
It is the little things like the zipper or the plastic bag which change the world. Which invention/item wouldn't you like to live without and why?
Write an article for an international inventors' magazine.

☐ 2. **Past generations**
In their project the Dene students learnt a lot about the generation of their grandfathers and grandmothers. What do you find interesting about your elders? What would you have asked them?
Write an entry for the discussion board of a website on "Generations".

☐ 3. **Sports**
Lacrosse is said to be the fastest sport on two feet. What makes a sport interesting for you? Describe a sport you like, its rules, equipment, etc.
Write a report for your Canadian partner school's newspaper.

☐ 4. **The space I need**
Canada is a vast country and provides a lot of space for the individual. How much space do you need and why? Would you enjoy living in a remote place? Think about advantages and disadvantages.
Write an entry for a competition by the Canadian tourist board.

Lösungsvorschlag

1 Listening

You will listen to a radio programme. There are three parts. You will hear each text twice.
Now have a look at the photo. Leela Gilday, 32, is a Canadian native singer and songwriter. In 2007 she won the Juno Award for Best Aboriginal Recording.

Tapescript: A

First listen to a radio interview with this singer and mark the correct option.
(music)

REPORTER: Welcome back, Ladies and Gentlemen. Now I'm here with Leela Gilday. She's a singer and a songwriter from the far north of Canada. Her songs are often based on or inspired by the tradition of her people because she is an Aboriginal of Canada. Now in her songs she mixes folk and pop songwriting and highlights it with traditional elements. Her 2nd album "Sedge" got a music award in 2007. Now Leela, where exactly did you grow up?

LEELA: I was born in Yellowknife, in the Northwest Territories and I spent most of my childhood and teenage years really in the far north of Canada, wilderness all around, lots of nature, quite beautiful and even the large freshwater lake: Great Bear Lake.
I grew up with a great sense of space and freedom in that environment.

REPORTER: And your childhood, Leela, was it very traditional or was it rather non-traditional?

LEELA: Hmmh, my childhood was very traditional. I was really surrounded by the language of my people, my mum cooked traditional food, my dad hunted. So I think pretty traditional.

REPORTER: Did you come from a very musical family, did you do a lot of music in your childhood?

LEELA: My dad is a musician from southern Ontario originally and we listened to every kind of music in our house, when I was a kid. We listened to big-band music, folk music, opera, symphony, we liked it all. And we went out to drum dances too.

REPORTER: Oh I see, but now what made you become a musician?

LEELA: Hmmh … Hard to say, I guess I assumed I would become a musician, but I thought about becoming a doctor, or a lawyer, an astronaut, but I guess music won out in the end.

REPORTER: And now we are all wondering what does "Sedge" mean? How come you chose that as a title for your album?

LEELA: "Sedge" means "my heart" in the language of my people spoken in the Northwest Territories in Canada and I named it "Sedge" because I poured my heart into the 11 songs of this album.

REPORTER: That's nice. Do you have any plans for the future?

LEELA: Oh, I'm thinking about building a studio, I want to work on projects with musicians, I mean all around the world. I want to perform as much as I can and really become an international artist in the next 2 years.

REPORTER: Leela, thanks so much for coming. We wish you all the best.

(music)

Tapescript: B

Now listen to a native legend. Which features are mentioned in the text?
Mark correct options.

LEELA: There are a lot of old stories and legends about our people here in the Northwest Territories, in Northern Canada. One of them is the legend of the Waterheart. It's about a medicine man who is fishing at the Great Bear Lake. Suddenly a fish steals his fishing hook. To get the hook back the man dives deep into the lake to its bottom. There he finds his fishing hook and – a big, living, beating heart – the Waterheart. The man can see that this heart gives life to everything: the fish, the water, trees, animals and people. He understands that it is important to protect the heart because nothing and nobody could live without it.

Tapescript: C

Listen to the student reporting about the Waterheart Project.
Decide whether the following statements are true or false. Mark the correct option.

CLAIRE: Hi, I'm Claire. I'm a student at a school in the Northwest Territories in Canada. After we had heard about the legend of the Waterheart nine of my classmates and I decided to find out more about this legend and the past. So we started a project in April 2008.

First we interviewed our grandparents and great-grandparents. The language we used in the interviews was Slavey. That's the old language of our people. We had to speak Slavey, because our elders don't speak English like the young people, only Slavey.

They told us about our lives and a lot that has changed over the years: the nature, the people and their culture. We found out that the Waterheart in legend stands for the culture of our people – everything we live for. And that the heart and also our culture will get weaker and weaker if we don't care about them: if we damage our nature and if we forget the past and our roots.

In the project we learned a lot about our people and its language, our culture and ourselves. We tried to connect past, present and future with the help of that language which is important to save our culture and the heart in the deep, cold Great Bear Lake.

1. a) a mixture of pop and folk music with traditional elements.
   b) the far north of Canada surrounded by wonderful nature.
   c) her dad was a hunter and her mum prepared traditional meals.
   d) drum dances.
   e) "my heart".
   f) an international artist.
2. the Great Bear Lake
   a heart
   a medicine man
   a fish
3. a) **true**
   b) **true**
   c) **true**
   d) **false**
   e) **true**

2 Reading

2.1 Comprehension

1.

	number
In this report you find the reason why Canadian music is so successful all over the world.	**5**
This text explains the origin of the country's name.	**1**
This text is about someone who has been living and working with animals nearly all her life.	**8**
In this text you get to know what a young person included in her baggage and why she gave up doing that.	**6**

2. a) **true**
   Hinweis: Siehe Text 4, Zeile 1 ff.

   b) **true**
   Hinweis: Siehe Text 4, Zeile 6 ff.

   c) **false**
   Hinweis: Siehe Text 2, Zeile 1–3.

3. a) wrong: **plenty(of)/(rather) unknown**
   correct: z. B. **few/ well known**
   Hinweis: Siehe Text 5, 1. Satz. In diesem Fall kannst du den inhaltlichen Fehler auf zwei Arten verbessern: entweder sagst du, dass nur wenige Jugendliche April Lavigne nicht kennen, oder du drückst aus, dass April Lavigne bei vielen Jugendlichen bekannt ist.

   b) wrong: **immigrants/to thank their god**
   correct: z. B. **aboriginals/for fun**
   Hinweis: Siehe Text 7, Sätze 4 und 5. Auch hier hast du zwei Möglichkeiten, den inhaltlichen Fehler zu korrigieren: du musst entweder „immigrants“ durch „aboriginals“ ersetzen, denn es waren die aboriginals, die Lacrosse spielten, um ihrem Gott zu danken, oder du ersetzt „to thank their god“ durch „for fun“, denn die Einwanderer spielten Lacrosse nur zum Spaß.

   c) wrong: **dolls**
   correct: z. B. **puppies/dogs**
   Hinweis: Siehe Text 8, Sätze 4 und 5.

2.2 Mediation

1. Für elektrische Geräte brauchen Reisende aus Europa einen Adapter, der für kanadische Steckdosen passt.

2. Die Währung ist der kanadische Dollar, den es in verschiedenen Banknoten und Münzen gibt.

3. In Kanada zahlt man bar, mit Traveller Schecks oder den gängigen Kreditkarten.

4. Das Trinkgeld für Taxis und in Restaurants oder Diskotheken variiert zwischen 10 und 15 %.

5. Alkohol wird nur in Spezialgeschäften (Geschäften mit einer besonderen Lizenz) bis 19 Uhr verkauft. Alkohol darf in der Öffentlichkeit erst ab 18, in manchen Gebieten auch erst ab 21 konsumiert werden.

3 Writing

3.1 Language Components

(1)	☐ big	☒ great	☐ huge	☐ large
(2)	☐ differ	☒ difference	☐ different	☐ differential
(3)	☐ big	☒ bigger	☐ biggest	☐ giant
(4)	☐ his	☐ it	☒ its	☐ it's
(5)	☒ as	☐ how	☐ like	☐ so
(6)	☐ which	☒ who	☐ whom	☐ whose
(7)	☐ be	☒ been	☐ was	☐ were
(8)	☐ have moved	☐ move	☒ moved	☐ moving
(9)	☒ speak	☐ speaking	☐ speaks	☐ spoke
(10)	☒ their	☐ there	☐ they've	☐ where

(1) the **great** beauty – **große/beträchtliche** Schönheit
Aber: big – groß/reichlich; huge – riesig; large – groß/umfassend

(2) the **difference** in lifestyle – der **Unterschied** im Lebensstil
Der Artikel verlangt ein Substantiv, aber: differ – Verb; different – Adjektiv; differential – Adjektiv/Substantiv: Differential (Begriff aus der Mathematik)

(3) **bigger** than Germany – **größer** als Deutschland
Der Vergleich mit „than" (als) lässt grammatisch nur den Komparativ zu.
Aber: big – groß – Positiv (Grundstufe); biggest – größte – Superlativ; giant – riesig – Positiv

(4) **its** Virginia Falls – das Nordwest Territorium und **seine** Virginia Fälle
„its" nimmt Bezug auf das Territorium; unbelebt, possessive (besitzanzeigende) Form
Aber: his – possessive Form in Bezug auf männliche Person;
it – Personalpronomen; it's – Kurzform von „it is".

(5) as high **as** – so hoch **wie**, Verwendung von as … as bei Vergleich von gleichwertigen Dingen/Größen in Form von Adjektiven
Aber: how – wie – als direktes oder indirektes Fragewort;
like – wie, als Vergleich von Substantiven; so – so, dermaßen – inhaltlich falsch

(6) first people **who** settled – die ersten Menschen, **die** siedelten
„who" als Relativpronomen, das sich auf Personen bezieht
Aber: which – Relativpronomen mit Bezug auf Dinge;
whom – wen/wem – Fragewort; förmliches Relativpronomen als Objekt;
whose – wessen – Fragewort; whose + Nomen – deren/dessen – Relativbegleiter

(7) have **been** living – Present Perfect Progressive: have + been + Infinitiv + ing
Die Dene und Inuit **leben** dort seit langer Zeit: Durch die Verwendung der Verlaufsform betont man die Länge des Zeitraums. Im Deutschen verwendet man das Präsens.
Aber: be – Infinitiv; was/were – Simple Past

(8) They **moved** … about 1,000 years ago
Verwendung des Simple Past durch Signalwort „ago“ verlangt.
Aber: have moved –Present Perfect Simple; move – Simple Present; moving – Present Participle.

(9) If you **speak** …, prefer … – If-clause Typ 1
d. h. im if- Satz Simple Present.
Aber: speaking – Present Participle;
speaks – Simple Present 3. Person Singular;
spoke – Simple Past.

(10) … government gave the Inuit **their** own territory – den Inuit **ihr** eigenes Territorium
– Possessivbegleiter verlangt
– Aber: there – dort; they're – sie sind; where – wo.

3.2 Guided Writing

Dear Tom,

I'm sorry that I haven't written for a long time, but in the last few weeks I had to study a lot for my final exams. Today was the beginning of our written exams.
I'm very excited and I wonder if I've studied enough. In the last four weeks I worked five hours a day to repeat the most important stuff in German, English, Maths and Biology (this is my chosen written exam in natural science). That was hard work!
Besides, I've been very busy helping to prepare our school leaving party. But I think it was worth it: I'm sure the party will be unforgettable!
In my last (!) long summer holidays I'm going to visit my uncle and aunt in their hotel in Switzerland, because they're great fun and I won't have to pay for a hotel room.
Then my friends and I are going on a cycling tour along the River Elbe. We want to sleep in a tent or under the free sky. What are your plans for the summer? If you want, you can join us on our cycling trip. The tour will be from 15 July to 23 July. We're going to start in Dresden, of course.

I'm looking forward to your positive (?) answer.
That's all for today.
"See" you later?!

Yours, … (220 words)

3.3 Creative Writing

1. **An object I need**

   In my opinion, the greatest invention of all times is the mobile phone. I can't imagine life without that little thing.
   Children and adults alike use it daily. I got my first mobile phone when I was twelve. It was my mum's old mobile. She gave it to me when I started my sports "career", so I was able to tell my parents where and when they could fetch me after the training or a match. But I wasn't allowed to call my classmates. My parents said that I could meet my friends and talk to them at and after school.
   I would not like to live without my mobile because I can get in contact with relatives and friends who live in another town easily, and I can get quick help in an emergency; I feel a lot safer when I have my mobile with me.
   Now I have a modern mobile phone which is also a calculator, organizer, radio, camera, alarm clock and provider of games all in one. I can make calls, send short messages, e-mails and photos to other people.
   When my parents were my age, they didn't have mobile phones, so I can't imagine them having had an interesting and well-organized life. (207 words)

2. **Past generations**

   History is an interesting subject at school, but often the facts and figures you learn are quite abstract. That is why I think it is more interesting to find out something about the history of my own family. Learning about my grandparents and parents' lives helps me to understand history better.
   My grandparents told me a lot about their childhood. Their parents didn't have cars, telephones, TV-sets or computers. Their mothers and fathers had survived the Second World War. They had to live in terrible conditions, but the family stuck together and got through those difficult times. One fact seems especially interesting: there were more children in a family than there are today. I'm still trying to figure out the reason.
   I've learned that my grandparents didn't have any arguments with their parents about pocket money. That is because they didn't get any. But they also argued with their parents about their hairstyles, favourite music, friends and when they had to be at home.
   My grandmother told me once that her father didn't allow her to go to university. He wanted her to become a gardener, but later in life she studied while working as a gardener and became the manager of all the parks in our town.
   My father's mother had to marry a young man who was chosen by her parents because he was a car mechanic and could continue running her father's garage. Fortunately she fell in love with her "pre"-chosen husband and they lived together happily for more than 50 years.
   I think life today is more democratic but we have to make more decisions, which can sometimes be difficult. What do you think? (278 words)

3. **Sports**

Hi folks, I would like to tell you about sports here in Germany. I know that most of you guys are crazy about sports, but so are we! Sports are really important to many kids at my school, too.

I think sports are an excellent free time activity, because they're fun, you can be together with your friends and it helps you to stay fit.

Personally, I love playing volleyball. There are different reasons why I like volleyball so much: firstly, because it is a team sport. Team sports are good because you are active with others and everybody on the team has to do their best to be successful. If somebody gets into a "difficult situation", the others can "help". The team members know each other well, they can learn from each other and they are aware of each other's strengths and weaknesses. In a match, for example, they can make use of their teammates' strengths.

Secondly, I enjoy the atmosphere in a match. It's great to see and hear our fans cheer with each score.

And last but not least I like to play volleyball because it is physically challenging: you have to keep an eye on the other team, you must be quick and you should be able to jump high at the net.

All in all you don't need any special equipment; it might be a good idea to protect your knees though, because a game can get very fast and if you want to receive a ball before it touches the ground, you might hit the ground quite hard.

I played lacrosse when I was at your school. Are you ready for volleyball?

(278 words)

4. **The space I need**

Generally, I don't need much space for myself. I need space to be myself, space that gives me the chance to listen to the music I like, sometimes a little bit more loudly than my parents allow. I need space to be alone when I want to, but mostly it is enough to go to my room, where nobody disturbs me and where I can relax or dream a little bit.

Some people want to be on their own when they have to deal with problems. It is not important for me to be far away from my family or friends in such situations. To be honest, I like to know that they are all near me. I want to know how they are and that they can help me if it is necessary or the other way around.

I cannot imagine living in a remote place, even with my family, but I respect that a lot of people like to live in an isolated place. Living in the middle of nowhere gives you quite a bit of freedom, but I see more disadvantages in this way of living. It is not easy to meet your friends or get to know new people, it is more difficult to go to the cinema or shopping and it can be rather complicated when you have to see a doctor. These are some of my reasons why I prefer not to live so far away from everything. (244 words)

Realschulabschluss Englisch (Sachsen)
Abschlussprüfung 2010

1 Listening (15 BE)

Every new language is like a new window offering a new view of the world.

Why do **you** learn a foreign language? ______________________________ (1 BE)

____

You will listen to a radio programme about two young people who spent some time abroad. There are 2 parts. You will hear each text twice.

1. Listen to Lisa, an exchange student, and answer the questions in 1–5 words. (7 BE)

   a) Where did Lisa want to go first?

   ____

   b) Which child in Lisa's host family was her age?

   ____

   c) When is the school day in Ireland finished?

   ____

   d) How many pupils learn in the following classes?

   Music ______________________________

   English ______________________________

   Maths ______________________________

   e) Which subjects can the pupils choose? (Name two.)

   ____

   ____

   f) What did Lisa do in her free time? (Name two activities.)

   ____

   ____

g) What did she mostly eat and drink?

____

2. Now listen to the second student. Mark the correct options. (7 BE)

a) In the UK Benjamin worked as
   - ☐ a teacher of German.
   - ☐ a language assistant.
   - ☐ an exchange student.

b) Benjamin lived with
   - ☐ a dental assistant.
   - ☐ some teachers.
   - ☐ students from Germany.

c) At the two schools he worked
   - ☐ 12 hours a day.
   - ☐ 12 hours a week.
   - ☐ 30 hours a week.

d) He learnt that in British schools
   - ☐ many pupils learn German.
   - ☐ only a few pupils learn German.
   - ☐ all pupils learn German.

e) He earned enough money –
   - ☐ less than £ 700 a month.
   - ☐ exactly £ 700 a month.
   - ☐ more than £ 700 a month.

f) On non-uniform day pupils wear
   - ☐ fancy costumes.
   - ☐ their private clothes.
   - ☐ historical uniforms.

g) In the small town he missed
   - ☐ other language assistants.
   - ☐ trips to other places.
   - ☐ going out at night.

2 Reading (15 BE)

2.1 Comprehension

Read the texts. Then do tasks 1–3.

Ireland in a nutshell

When the rain is warm, it is summer in Ireland!
The climate of Ireland can be summed up as being mild, moist and changeable with abundant rainfall and a lack of temperature extremes. It is defined as a temperate oceanic climate. The country generally receives warm summers and mild winters, and is considerably warmer than other areas on its latitude. This is due to the fact that it lies on the Atlantic Ocean, and as a result is warmed by the Gulf Stream all year.

The Leprechaun – an Irish legend

Irish mythology is full of good and evil spirits and characters. There is an in-between type of beings that are neither all good nor all bad. They are balanced between the two, sometimes kind and generous, and sometimes petty and mean.
One such being is the Leprechaun. Small in size, a little old wrinkled face, he is a well-known mischief-making figure. According to the legend, this elfin shoemaker has a pot of gold hidden somewhere such as at the end of a rainbow, and he must give up his treasure to the one who catches him. You have to step lively and quickly to capture a leprechaun's gold though, because this sly little fellow will fool you into looking away for an instant while he escapes into the forest.

A story from the past
Grace O'Malley – The Irish Queen of Pirates
Her grand- and great-grandchildren claimed they descended from a queen, the Queen of Pirates. When Grace O'Malley's father died, she inherited his ship. She began using it in legal trade. But though no one knows how it happened, she turned to piracy, leading a crew of 200 in robberies of ships all around the west coast of Ireland.
In 1576, she was known as a notorious woman. Twice she was captured and imprisoned by the British. Then, in 1593, she had a personal interview with Elizabeth I, where Grace secured the release of her son and brother from prison, and received a pardon in exchange for a promise to help guard against Spanish Armada ships off the coast of Ireland.

Fitzgerald's farmhouse and Equestrian centre welcomes not only horse lovers in Abbeyfeale, a place in the southwest of Ireland where you can both learn to ride and speak English.

The Fitzgeralds, an Irish family, decided to sell their cattle in the 1990s and use the stables for horses instead. They built fences and ditches on the hills for cross-country riding and a sand arena for riding lessons. And they opened their house to their guests – young people from all over Europe. Riders can learn about old Irish horse breeds like the Irish Cob or Tinker Horse which is extremely patient, well-mannered and suitable for children and novices. Or the Irish Hunter – with a great personality, incredible jumping ability and excellent movement. The beautiful Connemara Pony can be ridden by both children and adults. It is a sturdy, sure-footed pony, well-groomed and unspoilt.

Hurling – a popular sport on the Green Island
Hurling is similar to hockey, in that it is played with a small ball and a curved wooden stick. It is Europe's oldest field game. Celtic tribes used to play it after they had settled on the island.
The pitch is about 137 m long and 82 m wide. The goalposts are the same shape as on a rugby pitch with the crossbar a bit lower. You may hit the ball on the ground or in the air. Each team consists of 15 players and a maximum of 3 substitutes. By the way, the rules can be compared to rugby.

Did you know? The word 'quiz' was allegedly invented in the 1830s by a Dublin theatre owner, who made a bet he could make a nonsense word known throughout the city in just 48 hours. Legend says that he gave his employees cards with the word quiz written on them and told them to write it on walls all over the city. Later, it got the definition 'to question'.

An odd Irish birthday tradition ...
... is to hold the birthday child upside down and give their head a few gentle 'bumps' on the floor for good luck. The number of bumps corresponds to the child's age plus one.

1. Which statement is correct?
Mark the right option. (1 BE)

The Irish weather

a) has many extreme temperatures. ☐
b) is sunny and dry in summer. ☐
c) is often rainy and never very cold. ☐
d) has hot summers and frosty winters. ☐

2. Match the sentence halves. Use the chart below. (4 BE)

❶ Leprechauns are
❷ Leprechauns like
❸ After Grace O'Malley's father had died
❹ She had an agreement with

A nice and nasty.
B the English Queen.
C she bought a ship.
D friendly and handsome.
E she got a ship.
F to play tricks on people.
G the Spanish.

❶		❷		❸		❹	

3. Answer the questions with facts from the text. (5 BE)

a) What did the Fitzgeralds do with their cows and bulls?

____

b) What positive characteristics do Irish horses have? Name two.

____

c) What **two** sports are similar to Hurling?

____

d) What new term was the result of a bet?

____

e) How many 'bumps' does a child get on his/her 6th birthday?

____

2.2 Mediation (5 BE)

Before you go on a trip to Great Britain, you get an information sheet from the English tour operator. Read it and write down five tips in complete German sentences.

How to behave politely in the British Isles

When you go to Britain basic politeness is expected. It is very good manners to say 'please' and 'thank you' and it is considered rude if you don't. If someone is blocking your way and you would like them to move, say 'excuse me' and they will move out of your way. Of course, you also say 'excuse me' when you want to ask somebody for information. If you accidently bump into someone, say 'sorry'.

Usually the British don't shake hands when they greet each other. An appropriate response to an introduction is 'Pleased to meet you'. Gestures like backslapping, hugging or kissing are only for friends.

Of course you are interested in other people's lives. But do not ask personal or intimate questions. When you have a meal together be aware of the following: If you are a guest, it is polite to wait until your host starts eating or indicates you should do so. Always say thank you when served something. It shows appreciation. You may eat chicken and pizza with your fingers if you are at a barbecue, finger buffet or very informal setting. Otherwise, always use a knife and a fork.

In Britain, people make a great effort to arrive on time. It is often considered impolite to arrive even a few minutes late. If you are unable to keep an appointment, it is expected that you call the person you are meeting.

3 Writing **(40 BE)**

3.1 Language components (10 BE)

Mark the correct option in the chart below.

Belfast for teens

The centre of Belfast has so (**1**) wonderful shops, pubs and discos. Great for hanging out!

A 15-minute walk (**2**) you to Queen's University, the biggest, best and most beautiful university in Northern Ireland. This is a great student area with many cool cafés, live music and a really (**3**) Botanic Garden.

Cave Hill Country Park, Belfast Castle and Belfast Zoo are (**4**) of the centre. Check them (**5**) – you'll find them very green and pretty!

On the other side of the River Lagan is the Odyssey, a big new complex with all (**6**) of cool stuff. There's an interactive science museum called W5 (whowhatwherewhenwhy). And there's the Odyssey Arena, (**7**) is home to the Belfast ice hockey team and it is also a big concert hall.

Nowadays, there (**8**) cinemas, a Hard Rock Café and other cool places to eat. And nearby is the shipyard where the Titanic (**9**) at the beginning of the 20th century. Now the city wants to build a Titanic theme park there!

There are sightseeing buses, boat trips (**10**) the river or black cabs that give you great tours of the city. To see the bad part of the city in West Belfast – where the murals and the 'peace line' are – take a black cab tour. Warning: don't go there alone.

(1)	☐ a lot	☐ lots	☐ many	☐ much
(2)	☐ keeps	☐ puts	☐ runs	☐ takes
(3)	☐ beautify	☐ beautiful	☐ beautifully	☐ beauty
(4)	☐ north	☐ northerly	☐ northern	☐ northern-most
(5)	☐ in	☐ off	☐ out	☐ over
(6)	☐ kinds	☐ species	☐ styles	☐ ways
(7)	☐ what	☐ where	☐ which	☐ who
(8)	☐ are	☐ is	☐ was	☐ were
(9)	☐ is built	☐ was built	☐ were built	☐ will be built
(10)	☐ at	☐ in	☐ of	☐ on

3.2 Guided writing (15 BE)
An e-mail to Fitzgerald's Farmhouse

You want to learn English and spend riding holidays with a friend in Ireland. In order to plan your stay, write an e-mail to Fitzgerald's Farmhouse to get the necessary information.

- Füllen Sie die Betreffzeile aus. (1 BE)
- Teilen Sie mit, woher Sie Kenntnis von dem Reiterhof haben und erläutern Sie die Absicht Ihres Anschreibens. (2 BE)
- Erkundigen Sie sich, ob Sie im Juli 2 Wochen auf dem Reiterhof Ferien machen können und was Sie dafür bezahlen müssen. (2 BE)
- Bringen Sie in Erfahrung, wie viele Unterrichtsstunden Englisch Sie täglich haben, wie groß die Klassen sind und ob der Unterricht im Preis enthalten ist. (3 BE)
- Teilen Sie mit, dass Sie erfahren haben, dass sich in der Nähe der Killarney Nationalpark befindet und erfragen Sie, wie man dorthin gelangen kann. (2 BE)
- Bitten Sie darum, dass man Ihnen Informationsmaterial zu weiteren Ausflugsmöglichkeiten schickt. (1 BE)
- Bedanken Sie sich im Voraus für die Hilfe. (1 BE)

** 1 BE erhalten Sie für die angemessene Beachtung des Beginns und Endes der E-Mail. Für die stilistische Qualität der sprachlichen Umsetzung können Sie bis zu 2 BE erhalten.*

To …	Fitzgerald@farmholidays.ie
Subject:	

3.3 Creative writing (15 BE)

Choose one topic and mark it. Write a text of about 180 words. Count your words.

☐ 1. **Every language is like a new window offering a different view of the world and widening the concept of life.**
What is your opinion about this saying? Describe your experience of learning and using foreign languages and of travelling to other countries.
Write a blog.

☐ 2. **Learning holidays**
Imagine your own summer camp.
You may think of: a motto, name of the camp, location, accommodation, price, language/other courses, leisure programme (including sports), …
Write an article for a promotion campaign where your camp is being introduced.

☐ 3. **Guests welcome**
What is special about your school? Describe traditions, events and rules. What is important to know about good behaviour in Germany?
Write a letter to an exchange student who wants to spend a year at your school.

☐ 4. **Living and working in the country**
Staying on farms or riding holidays are getting more and more popular. Can you imagine working in the country or even running a farm?
Describe what you would like to do and what you must do, where you would like to work, what a day on a farm could be like, …
Write an article for a teenage magazine.

Lösungsvorschlag

1 Listening

SPEAKER: You will listen to a radio programme about two young people who spent some time abroad. There are 2 parts. You will hear each text twice.

1. Listen to Lisa, an exchange student, and answer the questions in 1–5 words.

RADIO HOST: Welcome to those who are interested in foreign language and culture. This is our radio programme "Out and about in the world." Remember the two backpackers just back from their Australia tour last week?

Today we have two guests who spent some time in the British Isles. Our first guest is Lisa. She is 18 and she spent a year as an exchange pupil in an Irish family.

(music)

RADIO HOST: Lisa, why did you choose Ireland?

LISA: Well, at first I wanted to go to New Zealand but I ended up going to Ireland instead and I don't regret this at all. I had a wonderful time there. I have lots of happy memories. I worked at a college in Abbeyside which is a little town between Cork and Waterford. I stayed with a host family and they were four children there. One daughter, Jessica, was the same age as me. I come from a big family as well so although I was a little homesick at first I soon felt at home.

RADIO HOST: What did you learn about Irish schools?

LISA: Well, they have much longer school days than in Germany. School starts at 9.00 o'clock and finishes at quarter to 4. Irish children start school when they are 4 and then start secondary school at 12. At the age of 15 they have to do the Junior certificate, which is an exam for everybody. The classes are a lot smaller than in Germany, for example in Music there were only 9 pupils but in classes like English there were 23. That was the largest number. And in Maths there were 17 pupils. These are the subjects the pupils have to take. But they get to choose some of the other subjects such as Art, Drama, Spanish, French or Home Economics. I didn't find that I had too many problems with the language, but I didn't learn any Irish, just a few words here and there. I also took part in some after school activities. I was a member of a club where we practised for singing and dancing performances and I also helped to organize alcohol free discos for young people.

RADIO HOST: That sounds interesting. Was there anything you didn't like, the food perhaps?

LISA: No, there wasn't really anything. I liked it all.

The food was basically lots of potatoes and tea which was good and there were potatoes with everything, even lasagne with potatoes which was a bit strange. We often had bacon, cabbage and potatoes and I liked that a lot. And there were endless cups of tea which was great. That's my favourite non-alcoholic drink. I thought that it was really good to be just a short flight away from home because that meant I could have visits from my friends and family during my stay.

RADIO HOST: Thank you. *(music)*

SPEAKER: **2.** Now listen to the second student. Mark the correct options.

RADIO HOST: Our second guest is Benjamin. He is a student at Dresden University and he spent a year as a language assistant in the UK. What information can you give our listeners about your stay abroad?

BENJAMIN: Hi there. I started work as a language assistant on 31st October. It was in a small town north of Birmingham. I was working at two comprehensive schools. At first it was difficult to find somewhere to live but the school helped me a lot. My mentor teacher looked at local offices in order to help me. I ended up sharing a house with another guy. He was also a student but a dental assistant. I got on very well with him and with the teachers at school. They were all very accommodating. Most of the teachers were under 30 as well, so quite young and I could talk to them. It really was very easy to socialize. The work itself was quite manageable, it was 12 hours a week. And I had two days a week at each school. As a language assistant I was helping the teachers by teaching small groups. These were often with the more advanced students helping them improve their conversational skills. Not many took German which was – I suppose – not really surprising. At one school only 5 students took German in the lower 6th form. But 5 was a good number because we could all sit round one table. There was one day off a week which was good to have. I did spend a lot of money on going away at weekends. I went on a lot of trips to London and Manchester because I had friends there. You also get a lot of holidays at Christmas and Easter and that was also a good time for travelling. But I did earn enough money to pay for it all. I earned £789 a month which was a lot more than I was used to. One of my funniest memories? 'Non-uniform day'. It's regarded highly in England because most kids wear uniform all the time. So a 'non-uniform day' is actually really good and the pupils were allowed to wear their own clothes obviously. It was crazy. They went mad. They wore things so strange, so Bohemian, things I never would have expected like ripped tops and baggy jeans and weird hair and everything.

RADIO HOST: Was there anything you missed there?

BENJAMIN: Yes, there was. Going out was slightly difficult in such a small place in England. There was not much happening to be honest and there was not much nightlife, maybe one or two pubs. I had to go to Birmingham for a good night out. It's a big city but 15 miles away. But at weekends it was different. I could meet up with other assistants from Germany in the area and we always had a good time. Altogether it was a great experience. I made new friends, both English and German, and I gained a lot of knowledge about living in a foreign country.

RADIO HOST: Thank you for coming today and all the best to you two!

Why do **you** learn a foreign language? **I go on holiday abroad a lot and like to communicate with people in their native language.**

1. a) New Zealand
   b) Jessica / (one) daughter
   c) 15.45 / quarter to four / 3.45 p.m.
   d) Music: 9
      English: 23
      Maths: 17
   e) Art / Drama / French / Spanish / Home Economics
   f) (practise) singing and dancing / practise for singing and dancing performances / organize (alcohol free) discos
   g) potatoes / tea

2. a) a language assistant
   b) a dental assistant
   c) 12 hours a week
   d) only a few pupils learn German
   e) more than £ 700 a month
   f) their private clothes
   g) going out at night

2 Reading

2.1 Comprehension

1 c) is often rainy and never very cold.

Hinweis: "The climate of Ireland can be summed up as being mild, moist and changeable with abundant rainfall and a lack of temperature extremes." (Text 1)

2. ❶ A: Leprechauns are nice and nasty.
Hinweis: "There is an in-between type of beings that are neither good nor bad … One such being is the Leprechaun." (Text 2)

❷ F: Leprechauns like to play tricks on people.
Hinweis: "… he is a well-known mischief-making figure." (Text 2)

❸ E: After Grace O'Malley's father had died, she got a ship.
Hinweis: "When Grace O'Malley's father died, she inherited his ship." (Text 3)

❹ B: She had an agreement with the English Queen.
Hinweis: "… she had a personal interview with Elizabeth I, where Grace secured the release of her son and brother from prison, and received a pardon in exchange for a promise to help guard against Spanish Armada ships off the coast of Ireland." (Text 3)

3. a) sold/decided to sell/sell/they sold them
Hinweis: "The Fitzgeralds … decided to sell their cattle …" (Text 4)

b) patient/well-mannered/suitable for children and novices/great personality/beautiful / incredible jumping ability / excellent movement / sturdy / sure-footed/well-groomed/unspoilt
Hinweis: "… the Irish Cob or Tinker Horse which is extremely patient, well-mannered and suitable for children and novices. Or the Irish Hunter – with a great personality, incredible jumping ability and excellent movement. The beautiful Connemara … It is a sturdy, sure-footed pony, well-groomed and unspoilt." (Text 4)

c) hockey and rugby
Hinweis: "Hurling is similar to hockey …", "… the rules can be compared to rugby." (Text 5)

d) quiz
Hinweis: "The word 'quiz' was allegedly invented … by a Dublin theatre owner, who made a bet …" (Text 6)

e) seven/7
Hinweis: "The number of bumps corresponds to the child's age plus one." (Text 7)

2.2 Mediation

Die britische Höflichkeit verlangt, dass man immer „*please*" (bitte) und „*thank you*" (danke) sagt. Wenn man ein Anliegen oder eine Frage hat, beginnt man mit „*Excuse me*" (Entschuldigen Sie/Entschuldige). Für ein Missgeschick entschuldigt man sich mit „*Sorry*" (Verzeihung).
Eine Begrüßung mit Handschlag ist nicht üblich. Wenn man jemandem vorgestellt wird, reagiert man mit „*Pleased to meet you*"(Es freut mich, Sie kennenzulernen). Schulterklopfen, Umarmen und Küssen gibt es nur unter Freunden.
Grundsätzlich ist es gut, Interesse an anderen Personen zu zeigen. Man sollte jedoch keine zu persönlichen Fragen stellen.
Wenn man zum Essen eingeladen ist, beginnt man erst, wenn der Gastgeber selbst zu essen anfängt, oder wenn er dazu auffordert. Mit den Fingern isst man nur bei einer Grillparty oder in einem anderen äußerst informellen Rahmen.
Auf Pünktlichkeit wird großer Wert gelegt. Wenn man dennoch einmal zu spät kommt, sollte man auf jeden Fall rechtzeitig telefonisch Bescheid geben.

3.1 Language Components

(1)	☐ a lot	☐ lots	☒ many	☐ much
(2)	☐ keeps	☐ puts	☐ runs	☒ takes
(3)	☐ beautify	☒ beautiful	☐ beautifully	☐ beauty
(4)	☒ north	☐ northerly	☐ northern	☐ northern-most
(5)	☐ in	☐ off	☒ out	☐ over
(6)	☒ kinds	☐ species	☐ styles	☐ ways
(7)	☐ what	☐ where	☒ which	☐ who
(8)	☒ are	☐ is	☐ was	☐ were
(9)	☐ is built	☒ was built	☐ were built	☐ will be built
(10)	☐ at	☐ in	☐ of	☒ on

(1) *so **many** … shops* – ‚so **viele** Geschäfte' – *many* in Verbindung mit zählbarem Substantiv.
Much bei nichtzählbaren Substantiven; *many* und *much* normalerweise verwendet in verneinten Aussagen und Fragen, und in Verbindung mit *so* und *too*. *Lots/a lot* nur mit Präposition *of* möglich, wofür hier keine Möglichkeit besteht.

(2) ***takes** you to Queen's University* – **bringt** dich zur Queen's University
keep – ‚halten'; *put* – ‚legen, stellen, setzen'; *run* – ‚laufen'

(3) *a really **beautiful** Botanic Garden* – ein wirklich **schöner** Botanischer Garten
beautiful – das Adjektiv bezieht sich auf das Nomen *Botanic Garden* und beschreibt es näher; *beautify* – Verb: ‚verschönern'; *beautifully* – Adverb: ‚schön'; *beauty* – Substantiv: ‚Schönheit'

(4) ***north** of the centre* – Adverb – **nördlich** vom Zentrum
northerly, northern auch in der Bedeutung von ‚nördlich', aber nicht mit *of* verwendbar, *northern-most* – nördlichste(r,s) (Adjektiv)

(5) *check them **out** – check out:* hier ‚(sich) **etwas ansehen**'
check in – ‚einchecken/anmelden', *off/over* – keine Kombination mit diesen Präpositionen möglich

(6) *with all **kinds** of cool stuff* – ‚mit **allem möglichen** coolen Zeug' (Umgangssprache); *kind* – ‚Art, Sorte'
species (Singular und Plural) – Spezies, Art(en) (biologisch); *styles* – ‚Arten' im Sinne von ‚Stil'; *ways* – ‚Art und Weise'

(7) *Odyssey Arena **which** is home* – Relativsatz; das Relativpronomen *which* bezieht sich auf *Odyssey Arena* – eine Sache, deshalb entfällt *who* als Lösung (*who* immer mit Personenbezug). *what/where* sind keine Relativpronomen

(8) *there* ***are*** *cinemas* – eine Lösung im *simple present* ist richtig (Zeitangabe: *nowadays*); *is* entfällt, da *cinemas* im Plural steht; *was/were* sind Formen im *simple past*

(9) *the Titanic* ***was*** *built* – die Zeitangabe *at the beginning of the 20th century* weist auf die Verwendung des *simple past* hin, außerdem muss das Verb im Singular stehen.
were built – *simple past* im Plural; *is built* – *simple present*, *will be built* – *will-future*

(10) *boat trips* ***on*** *the river* – '**auf** dem Fluss'
at – ‚am'; *in* – ‚im'; *of* – ‚vom Fluss'

3.2 Guided Writing

To ...	Fitzgerald@farmholidays.ie
Subject:	Riding holiday in July

Dear Mr and Mrs Fitzgerald,

My name is ..., I'm 17 years old and am interested in spending my summer holidays at your farm together with a friend of mine. She's 17, too.
I read about Fitzgerald Farmhouse and the possibility to combine riding holidays with an English course in a very interesting article on the internet. My friend and I both love horses and riding and think it would be great if we could improve our English at the same time.
Do you still have any vacancies in July? If it is possible, I would like to book a double room for two weeks. How much do we have to pay altogether?
The article I read about your farm was quite informative but didn't answer all of my questions. It would be great if you could answer the following:
How many English lessons a day will we have? How many pupils will be in one class? Are the lessons included in the price or do we have to pay them separately?
My friend and I like hiking. We found out that Killarney National Park is near your farm. Can you please tell me how we can get there?
Could you please send me some more information (brochures, flyers, maps) about other trips and tours?
Thank you very much in advance.
I'm looking forward to hearing from you.

Yours sincerely,
(your first and last name) (230 words)

3.3 Creative Writing

1. **Every language is like a new window offering a different view of the world and widening the concept of life.**

   Yesterday my teacher said that every language is like a window that allows us to view the world differently and broaden our horizons. Actually, I agree.
   In English class, we sang English songs, played games and invented little every day dialogues. From our books we got lots of information about life in the UK and we also learned a lot about other English-speaking countries such as the USA and Australia.
   In year 7 we stayed with host families in England. Staying with a British family, I realized the British see many things differently. We were there for Guy Fawkes Day, for example, and it was great to see how it was celebrated. I also found out that what we had learned in class was quite useful and helped me to get around. During our stay we also saw the famous sights in London and learned a lot about British history.
   In my opinion speaking foreign languages is important in general, but I would say that English is most important, because it is spoken throughout the world. When travelling abroad you can easily talk to other people in English, and this can lead to understanding other cultures better. Intercultural understanding is one reason why everybody should learn foreign languages.

   (208 words)

2. **Learning holidays**

   Hi, are you between 15 and 18 years old, interested in sports and languages and do you enjoy having fun with other young people? Then our camp "Little Young Europe" is THE place to spend your summer.
   We are a young team of sportsmen and teachers and our motto is "Learning by doing is fun": we offer you the opportunity to study foreign languages, try out exciting sports, make new friends and relax in beautiful surroundings.
   Our camp is located only four kilometres outside Wismar, a nice town at the Baltic Sea. The camp itself is in a little forest 300 metres from a beautiful beach. You'll stay in cosy houses for four people, with two bedrooms, a bathroom and a separate toilet. There are twelve bungalows and a main building. In the main building there are the dining room, the kitchen, the classrooms and indoor sports facilities. Of course we also have a disco hall. On the camp grounds you can, for example, play football, volleyball and mini-golf. You can hire bikes and water sports equipment as well. Two of the highlights of our camp are our "European championships" in all the sports that are offered at the camp and our weekly barbecues on the beach.
   We offer language courses in English, French, Spanish, Italian, Czech, Polish and German. Teenagers who want to learn one of these languages are welcome. Language courses take place in the mornings. A stay of 14 days costs 450 € (all inclusive). Our camp opens on June 15th and closes on September 15th. If you want to know more, please call us or write an e-mail.
   We hope to see you at camp.

   (279 words)

3. **Guests welcome**
Dear Stephen,
My name's J., and I've heard you'll be my exchange student next school year. I'm looking forward to having you here in Germany. I'm sure we'll have a great time. Have you been to Germany before?
I guess you might be a bit nervous of what the school will be like – it'll definitely be different from yours, but there's no reason to be afraid. My school's a normal school with 400 students; some students like school and others don't. There are many friendly teachers and some very strict ones, too. If you do your homework and if you accept some basic rules of good behaviour, though, you won't get into trouble: Germans usually consider it important to be polite, friendly and punctual. When you meet someone new, for example, you shake hands. Don't worry about it –you'll get along just fine.
During the school year there are lots of special events like our Christmas market, where the classes sell the things they made in Art class, our sports day with competitions in athletics and a relay race of all classes of the same grade. The fastest runners win a cake for their class. The atmosphere's fantastic!
At the end of the school year there is another event: our traditional talent show. It is amazing to watch the students perform. Some of them sing, others play an instrument, do acrobatics or show some tricks. Maybe you and I can do something together next year?
If you've got any more questions, feel free to ask any time.
I hope to hear from you soon.
Regards, (your first name) (265 words)

4. **Living and working in the country**
Staying on farms and riding holidays are becoming more and more popular. One of the reasons why people like to spend their holidays this way is because they are in close contact with nature, which is a good way to relax from stressful city life. However, if you work in the country or even run a farm yourself, life is quite hard.
My uncle owns a farm, where I have always spent my summer holidays. That is why I know that running a farm is a lot of work. Nevertheless, I can imagine working on the farm with him in the future, because I like working outside and I love animals.
A typical farm day starts before sunrise; you get up early to look after the animals, feed them and clean their stables, day in, day out. It doesn't matter if it is Saturday, Sunday or if you are ill – the animals must be fed no matter what.
It would be my dream to turn my uncle's farmhouse in Virginia into a boarding house. It would be great to offer people the chance to live in the country for a few days. I could prepare meals with the farm produce: fresh vegetables, fruit and eggs. Our guests could help with the farm work, look after the horses and go riding. I really hope my dream will come true. If it does, you can come and stay on our farm! (239 words)

Realschulabschluss Englisch (Sachsen)
Abschlussprüfung 2011

1 Listening (15 BE)

Two young people, Tina from Germany and her boyfriend Andrew, an American, are spending some time in London where Andrew studies. They are planning to see a performance at the Globe Theatre on their last evening together. Therefore, they phone the Globe Theatre:

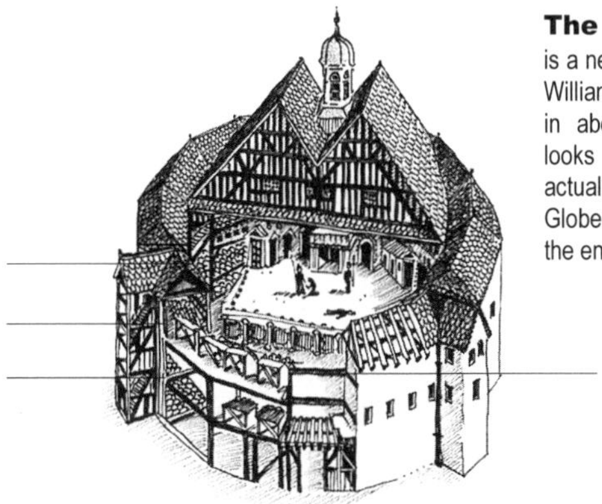

The Globe Theatre
is a new version of the theatre William Shakespeare worked in about 400 years ago. It looks like an old theatre but actually specialists rebuilt the Globe near its original site at the end of the 20th century.

You will listen to Tina and Andrew's preparations and about their night out. There are 4 parts. You will hear each text twice.

1. Listen to the Globe Theatre answering machine. Mark the correct option. (3 BE)

   a) The Globe Theatre Box Office is open from …
      - ☐ Monday to Thursday.
      - ☐ Monday to Friday.
      - ☐ Monday to Saturday.
      - ☐ Monday to Sunday.

   b) Two of the advised Underground Stations near the Globe are …
      - ☐ London Bridge and Victoria Station.
      - ☐ London Bridge and St Paul's.
      - ☐ London Dungeon and Mansion House.
      - ☐ London Bridge and Waterloo Station.

   c) This season you cannot see …
      - ☐ Hamlet.
      - ☐ Henry VIII.
      - ☐ Macbeth.
      - ☐ Romeo and Juliet.

2. Now listen to Tina and Andrew at the Globe Box Office. Answer the questions according to the text. Write 1 to 4 English words or numbers. (6 BE)

   a) Which play do Tina and Andrew want to see?

   ____

   b) On which day of the week do the two friends want to enjoy the performance?

   ____

   c) How much is the cheapest ticket?

   £ ______________________________

   d) What is a disadvantage of the cheap places?

   ____

   e) Where are Tina and Andrew going to sit?

   ____

   f) How does Andrew pay?

   ____

3. Listen to Tina and Andrew at the performance. Which of the facts are mentioned in the text? Mark the 3 correct options. (3 BE)

   ☐ The audience is allowed to drink during the performance.
   ☐ The language of the play was difficult for Tina to understand.
   ☐ Tina liked the performance very much.
   ☐ Romeo had the most beautiful costume.
   ☐ In Shakespeare's time there were no women on stage.

4. Listen to the rest of Tina and Andrew's conversation. Find out if the statements are true or false. Mark the correct option. (3 BE)

	true	false
a) Andrew suggests having a drink in "The Anchor" pub.	☐	☐
b) William Shakespeare could cross the River Thames on 15 bridges in his time.	☐	☐
c) The following morning Tina has to leave for America.	☐	☐

2 Reading (15 BE)

2.1 Comprehension

The following text is not complete. Read the text as if you were the editor of ArtMag. Then do tasks 1 – 4.

ArtMag – The young art magazine **Issue 10 May 2011**

The stage has always been attractive to young people. Certainly many of them launched careers in theatre, film or music and some became the celebrities of their day. Thank you for the great response to our first article in this series. We were amazed by the amount of mails and letters we got on the boy apprentices in Shakespeare's Globe some centuries ago. In this month's issue of **ArtMag** we want to explore how careers in the performing arts take off and what is needed to be a young performer nowadays. Our reporters ventured to London as well as to the famous classrooms in New York where Jennifer Aniston and Al Pacino were trained.

SYTS

Q: Hi Lucinda, can you tell our readers a little bit about your training as an actress?

A: Sure. To become a professional actress I joined Sylvia Young Theatre School (SYTS) when I was 13. From Monday to Wednesday we were taught the usual subjects but every Thursday and Friday acting, singing and dancing filled our timetable. The school offered Saturday, evening and holiday lessons, too and many of the about 150 pupils needed them.

Q: How come?

A: Well, the school's agency, Young'uns, is really terrific and helped us to get roles in London's West End shows or popular TV series. Some of my school friends acted with huge stars like Johnny Depp or Daniel Radcliffe. So sometimes after long rehearsals or late hours on the stage or on the set they had to catch up on Saturday. Another reason was that they wanted to improve some skill they needed for a certain project.

Q: Last question. What was it like to act with Keira Knightley while shooting *Pirates of the Caribbean*?

A: Oh, that was in 2003, I was eleven and Keira was my idol. It was so fantastic to meet her.

Q: Thanks, Lucinda and good luck with your career.

LaG

Q: Hi, Louis. What does the logo LaG on your T-shirt stand for?

A: It means La Guardia and is very short for Fiorello H. LaGuardia High School of Music & Art and Performing Arts here in Manhattan.

Q: So you are a student at one of the world's most famous public high schools.

A: Yeah, and I am very proud of it. It was so difficult to become one of the about 2,500 students. I was terribly nervous when I came here for my first audition. Thousands of other 8th graders wanted a place here as well, not just me. And additionally, the film about the school, which was just coming out, increased the run.

Q: You mean the film "Fame"?

A: Yeah, I had seen the 1980s version and then the remake came out – I simply had to be part of that school.

Q: What is it like now that you are?

A: It's my dream come true. I will major in Dance. So four periods a day I spend dancing.

Q: What about the other subjects?

A: We have the full academic course load. We don't miss out on anything. Having 10 periods a day is hard, but it is what I want to do. Dancing is my life and here I can get the best education.

Q: Thanks, Louis.

Visit us on www.artmag.net **page 8**

1. Mark the correct headline for the article as a whole. (1 BE)

   ☐ Career tips by celebrities – do as the stars do and you will not fail

   ☐ Hard work, but fun – to become successful means to start early in life

   ☐ Two places to become a star too but only New York will boost your career

2. Match the correct 2 pictures to each interview. There are more pictures than you need. Fill in the grid. (4 BE)

a b c d e

Interview	Lucinda	Louis
pictures	picture ___ and picture ___	picture ___ and picture ___

3. Decide whether the statements are true or false or not given. Mark the correct option. (4 BE)

	true	false	not given
a) SYTS offers extra tuition out of the regular school time.	☐	☐	☐
b) Johnny Depp and Daniel Radcliffe donated a lot of money to SYTS.	☐	☐	☐
c) Louis shows great pride to be a student at LaG.	☐	☐	☐
d) There is just one version of the film “Fame”.	☐	☐	☐

4. Mark the correct end of this article as a whole. (1 BE)

   ☐ Well, what does it take to follow a career in the performing arts? As you have learnt it has always been an easy route of luck and talent. ArtMag wishes you all the best on your personal way and passes on a piece of advice Lucinda gave us: Act with the stars and you will easily become one.

☐ So, what about you? Are you ready for the long road to a stardom? If so, better think of a good education. There are many differences between the two art schools. However, it is very helpful to learn from the professionals and train professionally. If you need more advice, look at our website.

☐ Could ArtMag get you interested in becoming one of the 2,500 students of the famous New York Sylvia Young Theatre School? Well, if so, find out more about our latest competition on our website. With a little bit of luck it could be YOU who conquers the stage and stars with the stars.

2.2 Mediation (5 BE)

Your grandparents have brought you a flyer from their trip to Verona, Italy. It is about "The Juliet Club of Verona". Your grandma wants to know what kind of club it is. Write a summary about the work of the club and how it is organized. Write in complete German sentences.

Heaven is here, where Juliet lives.
Shakespeare

From Verona with love

What about your feelings? Do you sometimes think love is a secret riddle? Would you like to get advice but don't know who to ask? Write a letter to the Juliet Club of Verona, the town where Romeo's famous girlfriend lived!

The Juliet Club is a voluntary organisation with a team of eight secretaries. Since the 1930s, countless letters from all over the world have been sent to Juliet and amazingly, everybody has received an answer. The city pays the postage and the volunteers work for free.

Over 5,000 letters are sent every year from all around the globe, asking for advice from fair Juliet. Written by teenagers and adults as well, many of them are simply addressed to Juliet, Verona, Italy.

The unknown Juliet secretaries then reply to each and every letter with advice in more than 20 languages, e. g. in Italian, English, Japanese, Spanish or German. Of course, they work with the help of other translators.

One of the secretaries said: "It's not important whether or not Juliet is real. The need to believe in love is perhaps the strongest thing in the universe".

3 Writing (40 BE)

3.1 Language components (10 BE)

Mark the correct option in the chart below.

Funny facts about life hundreds of years ago

About 450 years ago Elizabeth I became the Queen of England and that's why this era is called the Elizabethan Age. It spanned from 1558 to 1603. It is also the time when Shakespeare (**1**).

- Life was very simple then as there (**2**) no devices like cars, phones or TV.
- In those times only boys were allowed to go to school, girls got (**3**) education at home. Lessons at school started (**4**) 7 o'clock in winter, one hour earlier in summer.
- Fashion and clothes were different too.
- Did you (**5**) that people used urine to bleach their hair?
- After using toilets, people used clumps of hay or grass to (**6**) themselves.
- People thought that smells caused (**7**) diseases. To fight this off, women used fragrances and herbs, (**8**) they wore around their necks.
- If you (**9**) to go to the dentist, it could have cost your life. That was because the dentist used instruments (**10**) stones and bricks that caused a lot of blood and pain.

(1)	☐ live	☐ lived	☐ lives	☐ living
(2)	☐ there	☐ wear	☐ were	☐ where
(3)	☐ her	☐ his	☐ our	☐ their
(4)	☐ at	☐ in	☐ on	☐ to
(5)	☐ knew	☐ know	☐ knowing	☐ known
(6)	☐ clean	☐ cleaned	☐ cleaner	☐ cleaning
(7)	☐ bad	☐ bat	☐ bed	☐ bet
(8)	☐ which	☐ who	☐ whom	☐ whose
(9)	☐ had	☐ have	☐ had had	☐ must
(10)	☐ dislike	☐ enjoy	☐ like	☐ love

3.2 Guided writing (15 BE)
City of London Guided Walk

Your grandparents are planning to spend a few days in London with you. Help your grandparents who only speak little English.
Fill in the form "City of London Guided Walk". Write complete English sentences when asked to do so. Use the German information below.

- Ihre Großeltern wollen am Freitag (22. Juli 2011) mit Ihnen an einem geführten Stadtrundgang „Shakespeare's London" teilnehmen, denn sie möchten mehr über Shakespeares Leben erfahren.
- Ihre Großeltern gehen sehr gern ins Theater und kennen viele Stücke von Shakespeare. Im Globe Theatre waren sie noch nie. Besonders gern würden sie sich diese berühmte Sehenswürdigkeit von innen ansehen.
- Ihre Großeltern interessieren sich außerdem für Museen und alte Kirchen.
- Beide haben von dem berühmten Pub „The Anchor" an der Themse gehört und würden dort gern etwas essen und trinken.
- Freunde Ihrer Großeltern haben bereits an so einem Rundgang teilgenommen und ihnen begeistert davon berichtet sowie einen Flyer mitgebracht.
- Ihre Großeltern wollen noch wissen:
  - wie lange der Rundgang dauert,
  - wie viel die Tickets kosten,
  - ob der Rundgang auch bei Regen stattfindet,
  - ob Sie mit in den Pub dürfen, da Sie noch nicht 18 sind.
- Sie wollen den Stadtrundgang vor Ort mit Kreditkarte bezahlen.

City of London Guided Walk			
Your name:			
Your country:			(1 BE)
Your e-mail address or phone number:	grandparents@ontour.de		
Day for your city walk:	Weekday:	Date:	
Total number of participants:			(1 BE)
Answer in complete English sentences.			
Which walk would you like to book? Add the reason for your interest.			(2 BE)
Which sight would you especially like to visit during your walk?			(1 BE)
Which other places would you like to see?			(1 BE)
Where can we reserve places for your meal after the walk?			(1 BE)
How did you find out about us?			(2 BE)
Further questions, requests, inquiries			(4 BE)
Preferred method of payment:	☐ cash ☐ debit card ☐ credit card		(2 BE)

Für die stilistische Qualität der sprachlichen Umsetzung können Sie bis zu 2 BE erhalten. (2 BE)

3.3 Creative writing (15 BE)

Choose one topic and mark it. Write a text of about 180 words. Count your words.

☐ 1. **I was impressed.**
Artistic performances like the ones at the Globe Theatre can be very exciting and impressive. Which artistic live performance or film has impressed you lately? What made it so impressive?
Write a review for the English magazine of your partner school.

☐ 2. **London is worth visiting.**
The capital of the UK is visited by lots of tourists every year. Maybe you have already been there or you would like to go. Describe why you find London worth visiting. Include your experience if possible.
Write an essay for a language project.

☐ 3. **I am the one for that job.**
Auditions are the beginning of many careers, not just artistic ones. Describe your strengths and talents. What would you be willing to give and/or give up for your dream job?
Write a text to introduce yourself for the English part of an assessment centre.

☐ 4. **Yes, I could live without it.**
Shakespeare had to live without all the modern equipment that we know. What could you live without? How would your life change if there was no mobile phone, no TV, no internet, etc.?
Write an entry for an international online discussion board.

Lösungsvorschlag

1 Listening

Tapescript 1

CLERK: Ladies and Gentlemen, welcome to the Globe Theatre Box Office.
Our office is open Monday to Saturday from 10 am to 6 pm, and Sundays from 10 am to 5 pm.
If you want to visit us, you can reach us by underground, by train, by bus, by car or taxi or bicycle.
Where possible, visitors are advised to arrive by public transport or by taxi.
If you use the Underground, the local underground stations are Mansion House on the District and Circle Lines, London Bridge on the Northern and Jubilee Lines, Southwark on the Jubilee Line, and St. Paul's on the Central Line. The walks take around 10 to 15 minutes.
May we now turn your attention to our present performances:
Macbeth will be running until 27 June. Henry VIII will be running until 21 August and Romeo and Juliet is on from 14 August–2 October.
The performances are on different days. For further information, about school projects, eating out in our theatre or anything else, please contact our website: www.shakespeares-globe.org or call us back during office hours.
Thank you very much. And have a nice day.

Tapescript 2

CLERK: Hello, good morning, what can I do for you?

ANDREW: Yeah, hello, I'd like 2 tickets for "Romeo and Juliet" some time this week. Can you tell me when the performances start?

CLERK: Yeah, sure. On Thursday afternoon performances start at 2 pm. And on Friday we have an evening performance at 5 pm.

ANDREW: All right. Well, I think we'd like to go on Friday night. My girlfriend will be leaving on Saturday morning and it should be the highlight of our time together. How much is one ticket for the evening performance on Friday?

CLERK: Well, there are different price categories: the lower gallery, middle gallery, upper gallery and the yard. Where would you like to sit?

ANDREW: (er) Lower gallery, middle gallery, upper gallery, yard – (er) what do you advise?

CLERK: Well, it depends on the view of the stage. The better the view the higher the price of the ticket. The cheapest tickets in the yard where you have to stand are £5. Gallery seats (er) have different prices.

TINA: So, what makes the difference between the seats in the lower, middle or upper gallery?

CLERK: The higher the price the better the view of the stage. If there is a column in front of you or if you are sitting on the edge – these are gonna be the cheaper tickets. In the centre is the most expensive.

So you can have tickets for £ 15, 22, 29 and £ 35 each in the galleries. In the yard the tickets are only £ 5 which is the place where the ordinary people would have stood in Shakespeare's time although I have to remind you that if it rains, you may get wet.

TINA: What – open air? Andrew, would you like to stand? I mean it's cheap though … £ 5 only and the other ones are more expensive.

ANDREW: Well, not really … What about the view from the £ 15 seats in the upper gallery?

CLERK: Well, these are the cheapest seats in the gallery and they're at the edge. You won't have a very good view. For the best view the tickets for £ 35 are recommended.

TINA: Mmmhh … it's my first stay in London and also the end of my trip. I don't wanna take the cheapest ones, but I haven't got that much money left. So, what about the seats for £ 22? Where are they – in the lower gallery? And do we have a nice view from there?

CLERK: No, these are in the upper gallery and the view is okay, but if you take those for £ 29, which is not much more money, the view is almost perfect and it's almost in the centre.

TINA: So, Andrew, what do you think?

ANDREW: I think it's ok, let's take those.

CLERK: Ok. 2 tickets for the upper gallery next Friday evening, that's £ 29 each, that'll be £ 58 altogether.

ANDREW: All right. Do you take credit cards?

CLERK: Yes, indeed we do.

ANDREW: Ok, here you go.

CLERK: Thank you very much. Have a good time here in London and enjoy the performance on Friday.

ANDREW/TINA: Thank you very much, bye.

Tapescript 3

ANNOUNCER: Ladies and gentlemen, we're the Shakespeare Travelling Troupe and delighted to tell the tragic story of star-crossed lovers. Before we start the performance I have two quick requests. Please, turn off mobile phones and put cameras away. Flash photography is not permitted. Enjoy the performance.

ACTOR: Two households, both alike in dignity,
In fair Verona, where we lay our scene, …

TINA: Wow! That was a great performance. But – I didn't understand every word. I mean the language 400 years ago was a bit different and is difficult to understand today, don't you think?

ANDREW: Right, but there're several modern versions. Parts of one are printed in the programme here. Listen:
"In the beautiful city of Verona, where our story takes place, a long-standing hatred between two families erupts into new violence, and citizens stain their hands with the blood of their fellow citizens."

TINA: Yeah, that was better to understand but not as romantic and powerful as the original.

ANDREW: So you enjoyed it?

TINA: Of course, I did. It was a good idea to come here. My first Shakespeare play seen in theatre and also for the first time in Globe Theatre! It was a great atmosphere and excellent players and the costumes!

ANDREW: Well, luckily we had good seats to see all the details.

TINA: Juliet was so beautiful, and her dress was magnificent and the make up … She's such a beautiful girl!

ANDREW: Well, did you know that in Shakespeare's time there were no women on the stage, even female roles were played by men.

TINA: Really?! That is interesting.

Tapescript 4

ANDREW: Well. I'm glad you enjoyed the performance. Now what about a drink? There's a nice pub just a few metres from here called "The Anchor", one of London's most famous riverside pubs. We could sit on the platform by the Thames, enjoy a drink and the view across the river of the City.

TINA: That sounds very nice but I'd rather like to walk along the river. I mean it's only 9 o'clock and a wonderful night. And actually, I don't know much of this part of London and I've never been to this side of the River Thames. So, maybe you can show me around, I mean you've been here for almost a year, so you should know London.

ANDREW: Yeah, I guess. Well, as you wish. Off we go: So in front of us is Shakespeare's Globe Museum. The first few metres are not really that exciting: Southwark Bridge – Cannon Street Railway Bridge. And now we're at the next of the 15 Thames bridges in London. At Shakespeare's times there was only one bridge in London.

TINA: Oh, this one I know – it's London Bridge. I recognize it by the big column on the other side of the river.

ANDREW: Right. The big column is called "The Monument" – to commemorate the Great Fire of London.

TINA: And what's the building next to the monument?

ANDREW: That's Billingsgate Fishmarket. There was London's main fish market for 900 years until 1982. 400 tonnes of fish were sold there every day.

TINA: Mmh. Maybe it smells still today. Can we go there?

ANDREW: Well, we'll never know. Unfortunately it's not open to the public any more.

TINA: Look, from here we can already see the Tower Bridge and the Tower of London. They look great illuminated, don't they? It's a pity that I have to leave tomorrow morning to go to Germany. I mean there are still so many things to see! I really must come back soon for a second time to London.

ANDREW: Yeah, Tina, I can't wait for you to come back.

1. a) Monday to Sunday.
   b) London Bridge and St Paul's.
   c) Hamlet.

2. a) Romeo and Juliet
   b) (on) Friday
   c) (£) 5
   d) (you have to) stand / you may get wet / bad view: column / sit at the edge
   e) (in the) upper gallery
   f) (by) credit card

3. ☒ The language of the play was difficult for Tina to understand.
   ☒ Tina liked the performance very much.
   ☒ In Shakespeare's time there were no women on stage.

4. a) true
   b) false
   c) false

2 Reading

2.1 Comprehension

1. ☒ Hard work, but fun – to become successful means to start early in life

   Hinweis: Lucinda's first and third answers, Louis's second and last answers

2.

Interview	Lucinda	Louis
pictures	picture **a** and picture **c**	picture **b** and picture **d**

   Hinweis: Lucinda: picture a (last question), picture c (her first answer)
   Louis: picture b (his second answer), picture d (his fourth answer)

3. a) true
   b) not given
   c) true
   d) false

   Hinweis: a) at the end of Linda's first answer
   c) Louis' second answer
   d) Louis' third answer

4. [X] So, what about you? Are you ready for the long road to a stardom? If so, better think of a good education. There are many differences between the two art schools. However, it is very helpful to learn from the professionals and train professionally. If you need more advice, look at our website.

2.2 Mediation

Aus Verona – in Liebe

Der Juliet Club of Verona/Julia-Klub aus Verona ist sozusagen eine Beratungsstelle für Liebesangelegenheiten. Sie existiert seit 1930. Jede Anfrage wird beantwortet, wofür die Stadt Verona die Portokosten übernimmt. Acht Sekretärinnen arbeiten ehrenamtlich/freiwillig/unentgeltlich für den Klub.

Jährlich treffen über 5 000 Briefe aus aller Welt ein, die an Julia, Romeos berühmte Freundin, adressiert sind und mit Hilfe von Übersetzern beantwortet werden.

3 Writing

3.1 Language components

(1)	[ ] live	[X] lived	[ ] lives	[ ] living
(2)	[ ] there	[ ] wear	[X] were	[ ] where
(3)	[ ] her	[ ] his	[ ] our	[X] their
(4)	[X] at	[ ] in	[ ] on	[ ] to
(5)	[ ] knew	[X] know	[ ] knowing	[ ] known
(6)	[X] clean	[ ] cleaned	[ ] cleaner	[ ] cleaning
(7)	[X] bad	[ ] bat	[ ] bed	[ ] bet
(8)	[X] which	[ ] who	[ ] whom	[ ] whose
(9)	[ ] had	[ ] have	[X] had had	[ ] must
(10)	[ ] dislike	[ ] enjoy	[X] like	[ ] love

Hinweis:

(1) *als Shakespeare* **lebte***; eindeutiger Bezug auf die Vergangenheit, deshalb sind* live, lives *als Präsensformen und* living *als* present participle *nicht richtig.*

(2) *es* **gab** *keine Vorrichtungen; als feststehende Ausdrucksform über das Vorhandensein in der Vergangenheit;* there – *dort;* wear – *tragen,* where – *wo sind in diesem Zusammenhang falsche Angebote.*

(3) *Mädchen erhielten* **ihre** *Ausbildung;* their *als Possessivpronomen im Plural ist hier richtig;* her *bezieht sich auf den Besitz im Singular,* his *nimmt Bezug auf eine männliche Person und* our *bedeutet „unser", diese Möglichkeiten sind damit falsch.*

(4) *Uhrzeiten werden immer mit der Präposition* at *angegeben.*

(5) **Wusstest** *du ...; in Entscheidungsfragen im* simple past *trägt das Hilfsverb* do *die Zeitform und das Vollverb wird im Infinitiv verwendet:* did – *Subjekt – Infinitiv,* knew *als* simple past *Form,* knowing *als* present participle *und* known *als* past participle *sind deshalb falsche Lösungsangebote.*

(6) *Leute benutzten Gras, um sich* **zu reinigen***; Hier wird ein Infinitiv mit „zu" verlangt,* cleaned *als* simple past, cleaning *als* present participle *und* cleaner *als gesteigertes Adjektiv sind deshalb nicht richtig.*

(7) *Gestank verursachte* **schlimme** *Krankheiten; Die Entscheidung liegt hier im Textverständnis.* Bat – *Schläger/Fledermaus als Substantiv und inhaltlich ausgeschlossen,* bed – *Bett und* bet – *wetten entfallen deshalb auch.*

(8) *Kräuter,* **die** *sie trugen ...;* which *wird als Relativpronomen verwendet, das sich auf Gegenständliches bezieht.* Who/whom *beziehen sich auf Personen,* whose *in der Bedeutung von dessen/deren entfällt ebenfalls.*

(9) *Wenn du zum Zahnarzt* **hättest gehen müssen***, hätte es dein Leben kosten können; Bedingungssatz Typ 3, der sich auf die Vergangenheit bezieht;* could have cost *(Konditional II:* could have + past participle*) im Hauptsatz gibt aufgrund der Zeitenfolge vor, dass im if-Satz* had had (past perfect) *stehen muss.*

(10) *Instrumente* **wie** *Steine; im Vergleich gebrauchte Konjunktion, Verben wie* dislike, love, enjoy *sind im Kontext hier nicht einsetzbar.*

3.2 Guided writing

City of London Guided Walk		
Your name:	Maria Mustermann	
Your country:	Germany	
Your e-mail address or phone number:	grandparents@ontour.de	
Day for your city walk:	Weekday: Friday	Date: 22/07/11 22nd July, 2011
Total number of participants:	three	
Answer in complete English sentences.		
Which walk would you like to book? Add the reason for your interest.	We'd like to book the "Shakespeare's London" walk because we want to know more about his life. / We are interested in your offer for the guided tour "Shakespeare's London". We like his plays very much.	
Which sight would you especially like to visit during your walk?	It would be great to look inside the Globe Theatre because it is such a historical building.	
Which other places would you like to see?	We would like to see museums (e.g. Madam Tussauds, The British Museum) and old churches.	
Where can we reserve places for your meal after the walk?	We've heard about a nice pub called "The Anchor". That's why it would be fantastic if you could reserve a table there.	
How did you find out about us?	Some friends told us about your offer. They went on your tour and enjoyed it. They gave us your flyer.	
Further questions, requests, inquiries	How long does the walk take? How much are the tickets? Will your tour take place if it rains? And can I go into the pub although I'm under 18?	
Preferred method of payment:	☐ cash ☐ debit card ☒ credit card	

3.3 Creative writing

1. **I was impressed.**
   "Romeo and Juliet" – how boring! Old Shakespeare lived hundreds of years ago, so what have his plays got to say now? And you have to go to the theatre to watch them. That's not what young people want to do! Well, I discovered that you should be careful about making hasty judgements.
   I watched a very entertaining and impressive performance of "Romeo and Juliet" in Dresden. The actress in the role of Juliet was especially convincing, and modern and romantic as well. Before the break there was so much action, fighting and fun on stage that the audience didn't notice the time fly by.
   The actors succeeded in entertaining the audience with fresh dialogues and a lot of action on stage. The audience, consisting of 85 % young people, could see that acting is not an easy job. We watched actors and actresses fighting, jumping, singing and dancing. A hard job, but a successful production for a young and interested audience. You should use the opportunity to watch the play. I am sure you will be fascinated / inspired, too. *(180 words)*

2. **London is worth visiting.**
   Of course – I'm writing from my own experience. During our class trip to Eastbourne we went to London on two of the days.
   On the first day we started with a sightseeing tour on our coach. Our driver showed us the City of London with its modern office and bank buildings and nice little shops, cafés, snack bars and old pubs. He also told us interesting stories about more or less famous Londoners. We saw the Tower of London, Buckingham Palace, Westminster Abbey, the Houses of Parliament and Hyde Park with Speakers' Corner. We got off the coach at Trafalgar Square. There we took a lot of photos of Nelson's Column and the lions around it. We walked to Piccadilly Circus and Covent Garden. Everybody could buy souvenirs or presents for their families at home.
   On the second day we visited the Thames Flood Barriers and we got off in Greenwich. We stood on the Prime Meridian and visited the Royal Observatory. We walked through the foot tunnel under the River Thames to the Isle of Dogs, where we took the DLR to get to the underground train to the Tower (one group) or the London Eye (the other group). During our trip back to Eastbourne we crossed Tower Bridge.
   Of course, two days are not enough to get to know this large, exciting city. There are still more interesting places to visit: St Paul's Cathedral, the Monument, Madame Tussauds, the London Dungeon, the Science Museum, Harrod's etc. So there are many reasons to go to London another time! *(259 words)*

3. **I am the one for that job.**
   Dear Sir or Madam,

   I found your advert online last Sunday and I would like to take the opportunity to convince you that I am the one for the job as a veterinary nurse. I would like to introduce myself. My name is Eva Bernd and I am 16 years old.

Since my childhood I have had pets. My parents supported my interest in animals, so I took care of budgies, guinea pigs, mice and a cat. Today I have two dogs. Apart from my pets I like sports. I have been playing volleyball since 2006.
In the past I learned a lot about pets and recently I took courses at a dog school to train my dogs. Additionally, I improved my knowledge a lot while I was doing work experience for two weeks at a vet's surgery.
I am interested in all kinds of animals and it is very important for me to have the chance to help them. It is not so important for me to work only with pets. I do not think that I would be scared of big or wild animals.
As you can see I am sporty and I take a great interest in animals. I am also very reliable and punctual and when it is necessary I am concentrated and can keep calm.
Thank you for reading my letter. I look forward to hearing from you.

Yours faithfully,
Eva Bernd *(237 words)*

4. **Yes, I could live without it.**
All the generations before us had to live without the technical equipment that we have now. And they survived and were happy. Maybe they were even happier than us?!
We use our mobile phones to talk to our friends, we write e-mails or "meet" friends on Facebook. Our grandparents met their friends face-to-face and they wrote letters by hand. I think those letters were more personal.
Former generations didn't use machines to wash clothes or clean the dishes. Their jobs were often harder because they didn't have such high-tech equipment. On the other hand, more people had jobs to earn their livings. Today lots of jobs are done by robots and machines and millions of people don't work. I can't say what is better.
I think the real problem is that some people are slaves to technology. As children they used to play Nintendo, Play Station or other video games. They watch TV for hours or surf the Internet and communicate with Facebook friends. Some of them don't even have real friends – they are alone at home most of the time. As a result, there are lots of people who aren't able to think for themselves or be social.
Once I tried to live without a TV and computer and discovered that I can survive without these two things. However, I need my friends and sometimes the telephone or mobile is necessary to arrange a meeting. A washing machine is useful but I don't think I need a drier. Clothes dried in the fresh air smell great.
Last but not least let's think about our means of transport. Riding a bike is healthy and good for the environment. But it would take too much time and money to get to know the world and people from other countries if we went everywhere by bike. We need cars, buses, trains and planes, too. *(312 words)*

Realschulabschluss Englisch (Sachsen)
Abschlussprüfung 2012

1 Listening (15 BE)

At the airport
Mr Chambers is on his way to Sydney via Frankfurt.

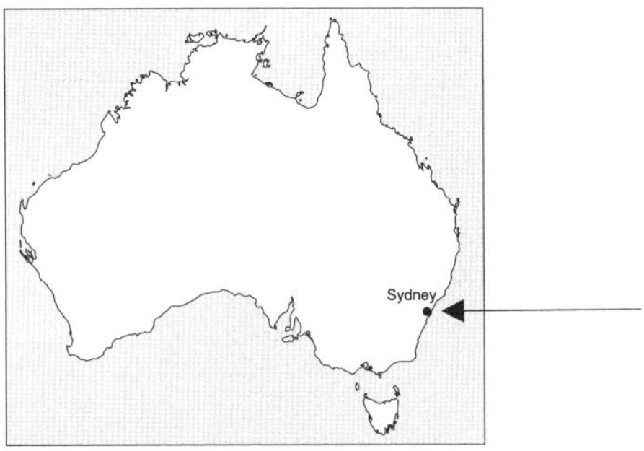

You will listen to an airport scene.
There are 3 parts. You will hear each text twice.

1. Listen to Mr Chambers and the clerk at the check-in counter.
   Note down the answers according to the text in English. (7 BE)

   a) What is wrong with Mr Chambers' luggage?

   ____

   b) What is taken out of Mr Chambers' luggage?

   ____

   c) What is Mr Chambers' flight number?

   ____

   d) When does the plane to Frankfurt start?

   ____

   e) When does the plane from Frankfurt to Sydney start?

   ____

   f) What gate does Mr Chambers leave Frankfurt from to Sydney?

   ____

   g) Where in the plane is Mr Chambers going to sit?

   ____

2. Now listen to two airport announcements. Mark the correct option. (3 BE)

   a) What is allowed in hand baggage?

☐ ☐ ☐ ☐

   b) Which shop is offered in the announcement?

☐ ☐ ☐ ☐

   c) What is the special offer in the Sky Lounge?

☐ ☐ ☐ ☐

3. Listen to a security check and an announcement. Find out if the statements are true or false. Mark the correct option. (5 BE)

	true	false
a) Mr Chambers has to take off his jacket but can keep his wallet, his mobile and his watch in his pockets.	☐	☐
b) At first Mr Chambers can go through the metal detector without any problems.	☐	☐
c) Mr Chambers has forgotten his car keys in his pocket.	☐	☐
d) There is a last call for passenger Mr Pete Chambers and he has to hurry.	☐	☐
e) Passengers to Moscow have to pass some construction work on their way to the gate.	☐	☐

2 Reading (15 BE)

2.1 Comprehension

Read the text. Then do tasks 1–3.

From camel mail to e-mail

On 20 August 1860 a caravan of 26 camels and 28 horses set off from Melbourne to travel north in an expedition to explore the 5th continent. These were the first camels which had been imported from Afghanistan.
About 150 years later, Australian camel-trekking adventurer Jane Mitchell after her journey through the outback commented: "I was never really lonely, the worst part was having no one to share that special moment with – like a sunset or a special cloud formation. It's then that it would have been great to have someone else along." With a team of five camels and a covered wagon she travelled from the desert town of Finke to Alice Springs – a journey that took more than ten weeks. With her trip she wanted to echo the era of the 1800s, when camels were the main form of transport in central Australia.
Between 1867 and 1920, an estimated 10,000 camels and around 3,000 Afghan handlers[1] arrived in Australia. Their main duty was to carry mail and other goods from the last station at Oodnadatta (South Australia) to the fast-growing desert capital, Alice Springs. The Afghan cameleers were superb desert navigators. They travelled twice as fast as white camel drivers, knowing all the short cuts along dry riverbeds. It is said that, as Moslems and non-drinkers, they were the only cameleers who could be trusted with the job of carrying alcohol through the outback. The animals could transport up to 150 kg each and travelled at an average speed of 4 km/h.
By the turn of the 20th century, however, fewer and fewer camels were being used to carry goods. The extension of the railway line from Oodnadatta to Alice Springs in 1929 put many of the Afghan cameleers out of work. Now many of the descendants of the Afghan cameleers drive taxi in Alice Springs. But the old cameleers are not forgotten. In honour of them a cemetery not far from Alice Springs contains the graves of the early camel drivers, including that of Gool Mahomed (1908–85), the last of the original ones.
For more than 50 years, the old Ghan railway train (named after the Afghans) ran twice weekly out of Adelaide, through the desert, via Oodnadatta to Alice. It was one of the world's most wonderful train journeys and normally the journey took 48 hours. However, tracks often buckled in the heat or were washed away, so that the journey could take up to two weeks. The record delay occurred in the early days, when the train arrived in Alice Springs exactly a month late.

Nowadays Alice Springs in the heart of the outback is a vital city, connected to all places on earth via Internet. One of the citizens said: "We couldn't wait to get online. Now, we bushies[2] can be instantly connected to the whole world." People like Jane Mitchell, who has always been remembering her journey as a terrific adventure, have a different view. "Camel mail travels at a gentler speed than e-mail," she says. "If everything happened at such a measured pace, the world would be a better place."

1 Afghan handlers/cameleers: Afghanische Kameltreiber
2 bushies: Spitzname für Outbackbewohner

1. Complete the notes according to the text in English. (6 BE)

   Camel transport in Australia

   in the present:
   - J. Mitchell's camel trekking journey through the outback
     - duration: ______________________
     - reason: ______________________

   in the past:
   - camels main means of transport to carry mail and other goods
   - Afghan cameleers preferred because
     - ______________________
     - ______________________ as other drivers
     - reliable on alcohol transport as ______________________
   - could carry up to ______________________ per animal at about 4 km/h

2. Decide whether the statements are true or false or not given. Mark the correct option. (3 BE)

	true	false	not given
a) The new railway line to Alice Springs was one of the reasons that many cameleers lost their jobs.	☐	☐	☐
b) Gool Mahomed was important for his family as a caring grandfather and as a brave man.	☐	☐	☐
c) Going by the old Ghan train was boring but the train always reached its destination in time.	☐	☐	☐

3. Mark the correct summary of this article as a whole. (1 BE)

   ☐ The text reflects on a modern camel trekking tour by Jane Mitchell, which is described as a special experience for the adventurer who prefers the measured pace to modern speed.

☐ The text follows the route camels took in the history of the Australian continent and maintains the idea that this part of heritage is not forgotten in the outback near Alice Springs.

☐ The text describes the development of transport and communication in the Australian outback around Alice Springs from the mid 19th century to the present with a special focus on camels.

2.2 Mediation (5 BE)

You found an article about an unusual event in Australia. You have to prepare a presentation about it for a school project. Summarize the article in complete German sentences.

Camel Cup

When & Where
The Camel Cup is an Australian camel racing festival which usually takes place in Alice Springs in mid-July.

What to Expect
If you are looking for a fun event, this is it! You do not only get a good laugh just by watching the races, you will also be entertained by fun and interaction in between. Pretty Camel competition, a Miss & Mr. Camel Cup Challenge for aspiring couples, Arabic music surrounded by sweet bellydancers, rickshaw rallies.

History
This festival commemorates the industrious Afghans who built telegraph and railway infrastructure but more importantly, brought their traditions including the essential camel racing.

Participants
Camels and riders, of course! These temperamental, selfish and unpredictable ships of the desert are destined to serve their masters. Some of these magnificent beasts can easily spit over three metres, have been known to bite, snarl and generally prefer to do things at their own pace. The riders are either heroes or crazy!

Camel + Rider + Spectators = Have fun at the Camel Cup!

3 Writing (40 BE)

3.1 Language components (10 BE)

Mark the correct option in the chart below.

The world of dangerous animals

If you come to Australia, you will see lots of unique animals there. These are animals that (**1**) for thousands of years, like the kangaroo, the platypus or the koala and other marsupials.

But did you know that the (**2**) animals of the world live there as well? Most of (**3**) are in the water like the Blue Ring Octopus, the Stone Fish or the White Shark.

Along the Great Barrier Reef, Box Jellyfish can be (**4**). While (**5**) around this area you should be very careful. If you get into contact with a Box Jellyfish, you must react very quickly (**6**) this jellyfish possesses an extremely powerful venom. Be (**7**) to have a bottle of vinegar in your first aid kit to apply to the sting. After 30 seconds, you can remove the tentacles but you will need medical aid (**8**) soon as possible.

There are also dangerous animals (**9**) live on land, for example snakes, reptiles and spiders.

Don't worry, if you follow some simple rules, you (**10**) your holiday in Australia.

(1)	☐ are developed	☐ developing	☐ develops	☐ have developed
(2)	☐ dangerous	☐ more dangerous	☐ most dangerous	☐ most dangerously
(3)	☐ their	☐ theirs	☐ them	☐ they
(4)	☐ find	☐ found	☐ founded	☐ have found
(5)	☐ is travelling	☐ travel	☐ travels	☐ travelling
(6)	☐ because	☐ then	☐ while	☐ why
(7)	☐ safe	☐ secure	☐ strict	☐ sure
(8)	☐ as	☐ like	☐ so	☐ than
(9)	☐ what	☐ which	☐ who	☐ whose
(10)	☐ want to enjoy	☐ will enjoy	☐ would enjoy	☐ would have enjoyed

3.2 Guided writing (15 BE)

Imagine you want to spend a four-week-stay at a school in an English-speaking country. You can get a scholarship if you are chosen by the Saxon Ministry of Education. That's why you have to fill in the following application form in English.

Application Form

Personal information		
Surname:	First name(s):	(1 BE)
☐ female ☐ male		
Date of birth:	Citizenship:	

Home address (street, city, postcode, country):	(1 BE)

Languages	
Native language:	(1 BE)

Please list all foreign languages that you speak in the left column and tell us how long you have been learning each language. Please rate your skills from 5 (very good) to 1 (very basic).

Language	Learned for (years)	Listening skills	Speaking skills	Reading skills	Writing skills

School career	Present school year: 2011/12

Please tell us about your favourite subject(s) at school and explain why you like it/them. Write complete sentences. (2 BE)

Self-description	
Characterize yourself and mention the reasons that motivate you to take part in this kind of stay abroad. Write a short text.	(4 BE)
Expectations	
Explain what you expect from the host school and your host family in at least one sentence.	(2 BE)
Enquiries	
Ask two questions for additional information you need.	(2 BE)

Für die stilistische Qualität der sprachlichen Umsetzung können Sie bis zu 2 BE erhalten. (2 BE)

3.3 Creative writing (15 BE)

Choose one topic and mark it. Write a text of about 180 words. Count your words.

☐ 1. **Exploring Australia**
A lot of adventurers have travelled across Australia over the years, others still dream about it. Imagine that you are there now.
What are your impressions/experiences? What are your feelings?
Write an entry for your diary.

☐ 2. **Family traditions**
A lot of Australians celebrate Christmas with a BBQ on a sunny beach.
Each culture has its own traditions. What are yours?
Describe a family or regional celebration/tradition.
Write an e-mail to an English-speaking friend.

☐ 3. **Feeling comfortable**
People are attracted by different surroundings. Which place is attractive for you? Explain what kind of location is the right one for you.
What do you need to feel good there?
Write an article for an international youth mag.

☐ 4. **Modern communication**
A lot of bushies are happy to be connected to the world via Internet. Nearly everybody is active in one or the other social network. Discuss the advantages and disadvantages of modern communication behaviour.
Write an entry for a project of a European partner school.

Lösungsvorschlag

1 Listening

Tapescript 1

CLERK 1: Good morning. Next please. Could I take your passport and your ticket, Sir?

MR CHAM.: Yes, certainly. Good morning.

CLERK 1: Mr. Chambers, you're flying to Sydney via Frankfurt. Are you travelling alone?

MR CHAM.: I am, that's correct.

CLERK 1: And have you got any luggage? Ah, please put it here on the conveyer belt. Right, you're 3 kilos over the maximum.

MR CHAM.: Oh dear. What should I do about that?

CLERK 1: Well, you could take something out and put it into your hand luggage. Or you could pay the excess baggage fee.

MR CHAM.: And how much would I have to pay?

CLERK 1: 20 € a kilo.

MR CHAM.: Mhh. In which case I think you should open my suitcase and I can take a couple of things out.

CLERK 1: Yes, that's probably a better idea. What would you like me to take out?

MR CHAM.: You can take out those two books and that box of chocolates. Is that within the weight limit now?

CLERK 1: Just a moment … ehh … Yes, that's fine now. Right, you're checked through to Sydney.

MR CHAM.: So, I won't need to worry about my luggage in Frankfurt. I assume that would be forwarded on?

CLERK 1: Yes, that's right. Ahh, but the flight number has been changed. The new number is 2051 and the departure time is at 9 am.

MR CHAM.: Really? Why's that?

CLERK 1: Mhh, let me see, I have to check. Oh, the flight to Frankfurt at 8.30 am has been cancelled. So you have to take the 9 o'clock flight number 2051.

MR CHAM.: Does that leave enough time to change planes to Sydney because my connecting flight leaves Frankfurt at 11?

CLERK 1: That should be fine. The flight to Frankfurt is only one hour. So your plane will arrive in Frankfurt at 10 am.

MR CHAM.: And which gate do I arrive in Frankfurt? And which one do I leave from to travel to Sydney?

CLERK 1: You'll arrive at gate A 8 and your plane to Sydney leaves from gate B 9. I'm afraid you'll have to hurry a bit more but you should have enough time. And where would you like to sit? Window or aisle?

MR CHAM.: Well, I would prefer a window seat if that's possible.

CLERK 1: Ok, that's fine. Right, here are your boarding passes. One to Frankfurt and one to Sydney.

MR CHAM.: Thank you very much.

CLERK 1: You're very welcome. Have a nice flight.

Tapescript 2

ANNOUNCER (female): Dear passengers – for your safety – please pay attention to your baggage. Do not leave any of your baggage unattended.

May we also turn your attention to some safety regulations for your hand baggage:

There are restrictions on liquids which can be taken into the cabin on flights originating within the EU. Please note that liquids must only be carried in containers with a maximum capacity of 100 ml. These containers must be carried in a transparent, resealable plastic bag.

Medicines and special food required during the flight do not need to be carried in the plastic bag. Duty free items, purchased at airports within the EU or on board an EU airline may continue to be carried on board.

Do not carry any sprays, scissors, handfiles or any other sharp objects in your hand luggage.

Please note – this is a non-smoking airport. If you are a smoker – please use the official smoking areas located outside of the building.

ANNOUNCER (male): Welcome to our various shops and restaurants.

Try exotic perfumes at one of our duty free shops or find an exciting read for your journey at a bookshop or newsagent's.

Take a break at one of our numerous cafés or restaurants and have a coffee or an ice cream or perhaps choose a dish from the international menus.

Don't miss our daily special offers: If you visit our Sky Lounge today, you can enjoy a variety of delicious sandwiches.

Take a sandwich and get a refreshing fruit juice of your choice with it for just 2.85 €.

There will be something for everybody.

Enjoy your stay at our airport.

Tapescript 3

CLERK 2: Boarding pass, please.

MR CHAM.: Okay.

CLERK 2: Please, take off your jacket and put everything into the box: mobile, camera, watch …

MR CHAM.: Do I need to take my belt off as well and my wallet?

CLERK 2: Yes, please.

…

Okay, you can step through the metal detector now.

…

Do you have anything else in your pockets?

MR CHAM.: Oh, I'm sorry. I still have my car keys in my pocket.

CLERK 2: Okay, you can step through again now. It's alright. Have a nice flight.

MR CHAM.: Thank you.

ANNOUNCER (male): Last call. This is a last call for boarding for passenger Pete Chambers of flight number 2051 to Sydney in 5 minutes. Please, check in at desk 15.
Passengers who are leaving for Munich from gate 17 A, please, be careful: there is construction work on your way. We are sorry for any inconvenience.
Passengers of flight 1893 to Moscow, please, go to gate 12 B. Your plane is about to arrive. Please, have your tickets and passports ready.

1. a) 3 kilos over the maximum
   b) 2/two books and a box of chocolates
   c) 2051
   d) 9 (am)
   e) 11 (am)
   f) B 9
   g) (at the) window

2. a) 100 ml containers
   b) books and papers
   c) sandwich and a glass of juice

3. a) **false**
   b) **false**
   c) **true**
   d) **true**
   e) **false**

2 Reading

2.1 Comprehension

1. – duration: more than 10 weeks (ll. 11/12)
   – reason: echo (the era of) the 1800s (l. 12)

   Afghan cameleers preferred because
   – superb desert navigators (l. 18)
   – twice as fast (as other drivers) (ll. 18/19)
   – reliable … Moslems/non-drinkers (ll. 20/21)
   – could carry up to 150 kg (l. 22)

2. a) **true** (ll. 25–27)
   b) **not given**
   c) **false** (ll. 32–38)

3. [X] The text describes the development of transport and communication in the Australian outback around Alice Springs from the mid 19th century to the present with a special focus on camels.

2.2 Mediation

In dem Artikel geht es um ein Kamelrennen und Festival Mitte Juli in Alice Springs.
Es ist ein Spaßereignis, bei dem man nicht nur bei den Rennen gut zu lachen hat, sondern auch zwischen den Läufen unterhalten wird. Es gibt einen Kamelschönheitswettbewerb, einen „Miss und Mister Kamel Cup" für ambitionierte Paare, arabische Musik und Bauchtänzerinnen und Rikscharallyes.
Dieses Festival erinnert an die fleißigen Afghanen, die die Telegrafen- und Eisenbahnverbindungen schufen. Sie brachten natürlich ihre Traditionen, also auch die Kamelrennen mit.
Teilnehmer sind Reiter und Kamele. Diese selbstsüchtigen und unberechenbaren Wüstenschiffe müssen ihren Meistern dienen. Das ist nicht so einfach, denn diese Biester können über 3 m weit spucken, beißen, knurren und sie machen generell alles so, wie sie es wollen.
Die Reiter sind entweder Helden oder verrückt!

3 Writing

3.1 Language components

(1)	[ ] are developed	[ ] developing	[ ] develops	[X] have developed
(2)	[ ] dangerous	[ ] more dangerous	[X] most dangerous	[ ] most dangerously
(3)	[ ] their	[ ] theirs	[X] them	[ ] they
(4)	[ ] find	[X] found	[ ] founded	[ ] have found
(5)	[ ] is travelling	[ ] travel	[ ] travels	[X] travelling
(6)	[X] because	[ ] then	[ ] while	[ ] why
(7)	[ ] safe	[ ] secure	[ ] strict	[X] sure
(8)	[X] as	[ ] like	[ ] so	[ ] than
(9)	[ ] what	[X] which	[ ] who	[ ] whose
(10)	[ ] want to enjoy	[X] will enjoy	[ ] would enjoy	[ ] would have enjoyed

Hinweis:

(1) *haben sich entwickelt;* simple present perfect *wegen der Zeitspanne* „for thousands of years" (are developed – simple present, passiv; developing – gerund; develops – simple present, *3. Person Singular*)

(2) superlative „the … animals of the world" – *der Artikel weist auf die Verwendung einer Superlativform als Attribut hin.* (dangerous – *Adjektiv in der Grundform (Positiv);* more dangerous – *gesteigertes Adjektiv bei Ungleichheit der zu vergleichenden Inhalte:* most dangerously – *gesteigertes Adverb – an dieser Stelle falsch, da kein Bezug auf das Verb, sondern auf das Substantiv/Nomen* „animals")

(3) object form „most of them" – *die meisten von ihnen* (their – *besitzanzeigendes Pronomen im Plural: „ihre";* theirs – *besitzanzeigendes Pronomen ohne stützendes Substantiv/Nomen: „ihrs";* they – *Personalpronomen „sie")*

(4) part of the passive „can be found" – *Quallen können gefunden werden: simple present im Passiv* (find – *simple present, aber Aktiv;* founded – *simple past von* „found" – *gründen;* have found – *haben gefunden – simple present perfect*)

(5) gerund with conjunction „while" – *während des Reisens* (is travelling – present progressive form *mit* „while" *hier nicht möglich;* travel – simple present; travels – simple present, *3. Person Singular*)

(6) meaning *„weil" als verbindende Konjunktion* (then – *dann; danach/außerdem;* while – *Konjunktion während; obwohl;* why – *Fragewort warum*)

(7) *sicher sein, dass* (safe – *sicher/verlässlich/zuverlässig;* secure – *sicher, bewacht;* strict – *streng*)

(8) comparison, meaning *„so" (schnell wie möglich)* (like – *Vergleich mit wie in Verbindung mit Substantiven/Nomen;* so – false friend, *nicht mit der ähnlichen deutschen Form verwechseln;* than – *Vergleich in Verbindung mit Steigerungen, z. B.* „faster than" – *schneller als, im Sinne einer Ungleichheit)*

(9) relative pronoun that refers to animals, *Relativpronomen, das sich auf keine Personen bezieht* (what – *kein Relativpronomen, aber ein Fragewort;* who – *Relativpronomen, das sich auf Personen bezieht;* whose – *Relativpronomen: deren/dessen)*

(10) conditional clause 1 (If + simple present, will + infinitive) (*want to enjoy – genießen wollen;* would enjoy – *möglich im* conditional 2; would have enjoyed – *möglich im* conditional 3)

3.2 Guided writing

Application Form

Personal information

Surname:
Mustermann

First name(s):
Monika

[X] female [ ] male

Date of birth:
5 th May, 1996

Citizenship:
German

Home address (street, city, postcode, country):
Schulstraße 12
01129 Dresden
Germany

Languages

Native language:
German

Please list all foreign languages that you speak in the left column and tell us how long you have been learning each language. Please rate your skills from 5 (very good) to 1 (very basic).

Language	Learned for (years)	Listening skills	Speaking skills	Reading skills	Writing skills
English	8	3	3	3	3

School career Present school year: 2011/12

Please tell us about your favourite subject(s) at school and explain why you like it/them. Write complete sentences.

My favourite subjects are English and PE. I'm interested in travelling and meeting new friends all over the world. / I like English, because I like the language. It is important to speak English when you travel to other countries. That would be difficult without English. And I want to stay slim, so sport is important and in PE I learn several kinds of sports. / I like PE because sport keeps you fit and I like a lot of physical activity.

Self-description
Characterize yourself and mention the reasons that motivate you to take part in this kind of stay abroad. Write a short text. *I'm interested and open-minded. / I am confident and reliable. I like to meet interesting people. / I want to improve my English. I think it's better to do that with native speakers./ I like the adventure and I like to learn new things. I think it's better to do that with native speakers.*
Expectations
Explain what you expect from the host school and your host family in at least one sentence. *I expect the host school to demand the same from me as they do from their pupils. My host family should treat me normally and not as a special guest. / I think school will be great and I hope there are nice people there and that my host family is friendly.*
Enquiries
Ask two questions for additional information you need. *Will I have to take a computer / laptop with me?* *Will I need special clothes / shoes for PE?* *How many members are there in my host family?* *Do they have pets?*

3.3 Creative writing

1. **Exploring Australia**
   My third day on the largest island in the world. Or should I say: on the smallest continent? It's so impressive here, and there are many more superlatives! In Australia you can meet the most poisonous animals, such as snakes or spiders. I hope I won't meet any of these very dangerous animals.
   After we had spent the first day in Sydney, the largest city in Australia, where we had also visited the famous opera house, we went along the east coast to Brisbane.
   In Brisbane we rented a little motor boat to go to the Great Barrier Reef. It is the largest coral reef on Earth. Two Australian friends taught us to dive. And today we dived on the Great Barrier Reef for the first time. Those wonderful colours – I have never seen such a variety of colours, fish and other creatures before. I took hundreds of underwater photos. And when I came out of the water I thought there were only three colours: the white sun, the blue water and my red skin. I had put a lot of sun cream on. But maybe it wasn't the right protection. I should buy better sun screen.

Nevertheless I feel great, free and impressed by everything around me. And I hope the following days will bring more great impressions and experiences. And now I'm going to try to sleep. Good night! *(230 words)*

2. **Family traditions**

Hi Joe,

Thank you for your e-mail. A BBQ on a sunny beach at Christmas – unthinkable for us! Christmas is one of our greatest traditions in my family. We start looking forward to it four weeks before 24th December. Then we decorate our home with nutcrackers, angles and miners, hand-carved, wooden incense burners in the shape of little figures such as snowmen and Santa Claus, etc. I like that Christmas smell. We put colourful Christmas flower arrangements and candles in several rooms.

In the weeks before Christmas we buy or make presents for our family and friends. We bake special Christmas biscuits. And in Dresden they make a very tasty cake with raisins, almonds and candied citrus fruit.

On Christmas Eve lots of people go to church to watch the nativity play and listen to the Christmas Oratorium by Johann Sebastian Bach. Back home again the children wait for Santa Claus and all the presents. The adults give the presents to each other or lay them under the Christmas tree. Then we have our traditional Christmas supper: potato salad and sausages.

On Christmas Day we always have a great dinner: a big roast goose filled with apples, red cabbage and dumplings. And after dinner my parents and grandparents tell us how they used to celebrate Christmas, or other stories from their childhood. And we can see that Christmas has been celebrated in the same way for many years. Only their presents were different. They got fewer presents but they were as happy as we are now.

OK, I must finish now. It's time for a Christmas walk through the snowy winter forest.

Bye, … *(274 words)*

3. **Feeling Comfortable**

Hi guys,

Let me explain what I understand by feeling comfortable. That feeling is important for me to relax and enjoy what I'm doing.

What I need for that perfect feeling is beautiful surroundings, fresh air, nature and – let's not forget – nice people. All these can make a place comfortable. But it is a little bit difficult for me to decide, because when I think of the kind of location that is right for me, I think of two different places: the city and the country.

It doesn't matter which it is – it's the atmosphere around me that makes that place an attractive one. In the city I like sitting in a street café to have a rest. You can chat with friends or other people sitting next to you, you can watch people and you can experience how the city lives, how it is pulsating. Here I can give you a great example: LONDON!

Another place that is attractive to me is a beach on the Baltic Sea. I love to be there, especially when there are not many people on it. It is not a place where I lie in the sun for hours, but I love to go swimming in the clear water of the sea or just to watch the waves go up and down. *(219 words)*

4. **Modern Communication**

Almost everybody has heard of them and many people use them every day. What I am referring to here is social networks like Facebook and Twitter. They make it possible to communicate with the whole world. You can make new friends or keep in contact with old friends who now live far away. It is also an advantage that you can get the latest information from all over the world – and mostly for free. It is also possible to share photos, websites and other things with your friends.

All these things sound great, but there are also negative sides to social networks. They can distract you from important things like school. Some people really get addicted to social networks. This means that they neglect their real friends. They spend most of their time in their rooms in front of the computer. Firstly, this is unhealthy, and secondly, these young people think their friends are on the Internet, but they don't know these people well, and sometimes they know almost nothing about these so-called friends. They forget about their real lives and this can cause big problems.

All in all, social networks can be a great advantage, but, as with anything, it is a good idea to make sure they don't take over your life. *(214 words)*

Realschulabschluss Englisch (Sachsen)
Abschlussprüfung 2013

1 Listening (15 BE)

Au-pair in the USA
Marie, a German girl, wants to work as an au-pair in an American family in Philadelphia.

You will hear about her preparations at home and her taxi ride to the family. There are three parts. You will hear each part twice.

1. First listen to Marie's phone call to her host father and complete her notes in English. (6 BE)

Things to ask Mr Parker

parents' jobs:	mother – ____________	father – pilot
children:	daughter – Jenny	son – Gordon
duties:	• assisting the kids with brushing their teeth	
	• ______________________	
	• ______________________	
days off:	____________ and ____________	
working hours:	____________ hours a week	
payment	____________ $ a week	

2. Now listen to the talk during the taxi ride to Marie's host family. Decide whether the following statements are true or false. Mark the correct option. (4 BE)

	true	false
a) The taxi ride to the host family takes less than half an hour.	☐	☐
b) The Americans celebrate Thanksgiving on 4th November.	☐	☐
c) Students only have Thanksgiving Day off.	☐	☐
d) The taxi driver has to work all the time on Thanksgiving.	☐	☐

3. Now listen to a recipe that can be heard on the radio during the taxi ride. First mark the 5 ingredients you need. Then mark the correct option how to make the cookies. (5 BE)

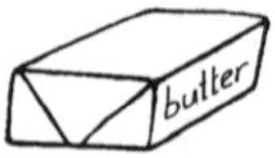

☐

☐

☐

☐

☐

☐

☐

☐

a) Mix some ingredients to make two separate mixtures,
- ☐ a flour and a pumpkin mixture.
- ☐ a flour and a nuts mixture.
- ☐ a nuts and a pumpkin mixture.

b) Put the two mixtures together and add vanilla, nuts and
- ☐ chocolate chips.
- ☐ cinnamon.
- ☐ lemon peel.

c) Put it on the baking paper in
- ☐ 8 portions.
- ☐ 12 portions.
- ☐ 20 portions.

d) Bake the cookies at
- ☐ 150 °C.
- ☐ 175 °C.
- ☐ 350 °C.

2.1 Comprehension

Read sections 1–5. Then do tasks 1–3.

Germans abroad

(1) People have always gone abroad in search of opportunity. Judging by what's on German television, the situation today is not different. Several TV programmes have followed the fates of families and individuals who have left in order to start a new life in another place. Programmes like *Goodbye, Deutschland!* or *Auf und davon* teach us that it's easy to underestimate the challenges of moving to another country, but that it's also easy to learn lessons that will remain valuable later in life. A month, six months or a couple of years spent in different surroundings can give you an appreciation of other cultures. In the following texts you can read about German people living abroad.

(2) Countries Germans emigrated to in 2009

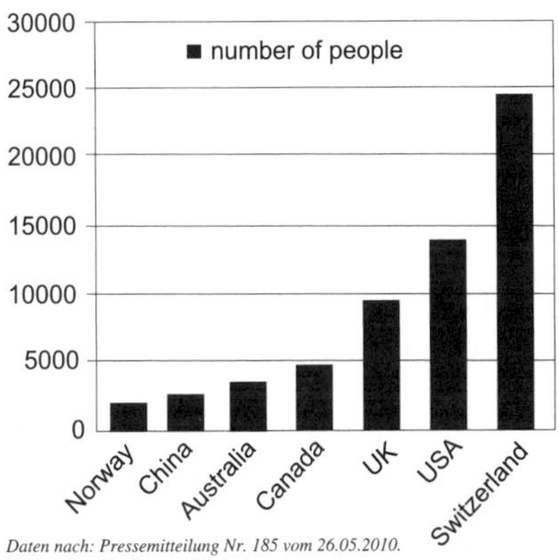

Daten nach: Pressemitteilung Nr. 185 vom 26.05.2010. Statistisches Bundesamt, Wiesbaden.

(3) Dirkules – the German Wunderkind

Dirk Nowitzki, who is now in his 30s, is one of the best known Germans in America of all time. He began his basketball rise to fame in Germany with DJK Würzburg. He was 19 when he was spotted playing for a Junior Select Team against a team of US Juniors. Nowitzki was the first German basketball player to be transferred directly from Europe into the NBA League. If you've seen him play, you will know what makes him such a great player. He is extremely agile for a "7-footer" (players of 2.13 m and over). When he is not scoring baskets, Dirk likes to play the saxophone and the guitar and also enjoys reading a good book. By the way, Dirk is very modest and prefers to give his money to charities like his own Dirk Nowitzki Foundation, which aims to help poor children throughout the world.

(4) Go Ahead! How young people help to make life better in South Africa

Driving across bumpy African roads, hiking through national parks, riding an elephant, seeing the beautiful Victoria Falls – Jan Bildhauer did all of that as a child. The young chairman of *Go Ahead!*, an aid and development organisation that helps children in South Africa, says those early experiences had a big influence on his character and his career plans.

It all started with his father's dream of travelling from Cape Town in South Africa to Nairobi in Kenya. Herr Bildhauer shipped a car to Cape Town, and in 1994, the family – Jan and his younger brother and their parents – set out on the first stage of the journey. They returned to Africa five times, staying for four to eight weeks each time.

After Jan finished school, he decided against military service and chose to become a volunteer on the "Anderer Dienst im Ausland" programme. Along with other young volunteers Jan worked for God's Golden Acre (GGA), a development project. The young volunteers wanted to do more for children in South Africa, and so the idea for Go Ahead! was born.

(5) A school year in China

Friendly schoolmates, fantastic food and a rich, colourful culture full of contrasts – that's Katharina Wedel's impression of China after spending a year at school in Deyang City in the heart of Sichuan. Katharina travelled to Deyang through an excellent student exchange programme and she had a great time. Her school had around 9,000 students, including 1,500 boarders, and it was a bit disorganised, but Katharina still learned a lot. She did not have to attend all the lessons, so there was time to travel and to make friends with other exchange students in her area.

1. Find the sections that match the following descriptions. Write down one number per description. (3 BE)

	number
In this section you learn where people went when they left Germany.	
This section tells you about a person whose experiences as a child strongly influenced later career plans.	
This section is about someone who has been living abroad for some time now and is very famous and successful.	

2. Decide whether the following statements are true, false or not given. Mark the correct option. (4 BE)

	true	false	not given
a) TV programmes show that people can misjudge the problems before leaving their country.	☐	☐	☐
b) In 2009 fewer Germans emigrated to the USA than to Canada.	☐	☐	☐
c) Nowitzki is appreciated in the NBA League because, although quite tall, he is a very mobile player.	☐	☐	☐
d) Dirk Nowitzki belongs to the best paid players of the NBA.	☐	☐	☐

3. Find the content mistake. Correct each sentence and write it down. (3 BE)

   a) After school Jan Bildhauer decided against volunteering on the "Anderer Dienst im Ausland" programme.
   correct:

   ____

   b) *Go Ahead!* is an organisation that helps women in South Africa.
   correct:

   ____

   c) Katharina's school in Deyang City had around 9,000 students and 1,500 boarders.
   correct:

   ____

2.2 Mediation

(5 BE)

There are many things you should think of before going abroad. Read the information and write down five tips in German that are important when you want to spend some time abroad.

> **Tips for going abroad**
>
> Living and/or studying in a foreign country is as difficult as exciting. To ensure an enjoyable stay, be ready to adapt to the culture of your destination country.
> Here are some things you should think of before leaving:
>
> - Apply for the passport in time to avoid final problems.
> - Learn about the basic laws and customs of that place. Don't forget to follow them!
> - Respect the country's dress codes, greeting styles, traffic rules and other manners and rules.
> - Read the consular information sheet carefully to be familiar with the travel information about the respective country.
> - Enhance your communication skills and subject knowledge to be prepared to face the visa interviews with confidence.

3 Writing **(40 BE)**

3.1 Language components (10 BE)

Mark the correct option in the chart below.

Heinz Ketchup – a story of success

This is an invention everybody knows throughout the world. Did you know that Henry John Heinz was the person (**1**) created this very tasty tomato sauce? His parents (**2**) from Germany to Pittsburgh US in the late 1900s.

As a child he sold excess vegetables from his (**3**) garden and by high school he was buying veggies at wholesale and delivering them to neighbours' homes. After (**4**) business college he worked in the office of his father's brick factory. Together with his friend L. Clarence Noble he opened his first company in 1869 selling (**5**) horseradish and added pickles, sauerkraut and vinegar to their products.

But 5 years later they (**6**) bankrupt. In 1875 he started F&J Heinz Co. with his brother Frederic and cousin John. Soon (**7**) that, Heinz was the country's leading manufacturer of ketchup, mustard, pickles and vinegar.

Many of (**8**) business ideals and principles, almost unheard of at the time, remain progressive to this day. For example, he did business based on the simple idea that every profit should be earned (**9**). Another principle of Henry Heinz was his hatred of waste of any kind. He inspired each of his employees to avoid even the (**10**) waste of material, time and opportunity.

adapted from: http://www.nndb.com/people/126/000057952/

(1)	☐ where	☐ which	☐ who	☐ whose
(2)	☐ are coming	☐ came	☐ come	☐ have come
(3)	☐ mother	☐ mother's	☐ mothers	☐ mothers'
(4)	☐ attend	☐ attended	☐ attending	☐ attends
(5)	☐ bottle	☐ bottled	☐ bottling	☐ bottles
(6)	☐ go	☐ goes	☐ gone	☐ went
(7)	☐ after	☐ behind	☐ following	☐ next
(8)	☐ her	☐ his	☐ our	☐ your
(9)	☐ honest	☐ honestly	☐ honesty	☐ honour
(10)	☐ more slight	☐ most slight	☐ slighter	☐ slightest

3.2 Guided writing (15 BE)

Write an e-mail to an English-speaking friend and tell them about your participation in a work and travel programme. Please use these notes to write your e-mail in English:

- Sie sind seit letztem Monat in Schottland und wollen ein halbes Jahr bleiben. (2 BE)
- Der Flug nach Glasgow war wegen des stürmischen Wetters aufregend. (1 BE)
- Sie arbeiten in einem Hotel täglich von 9–18 Uhr und sind in verschiedenen Bereichen wie Reinigung und Restaurant tätig. (3 BE)
- Es ist ungewohnt, den ganzen Tag zu arbeiten und Sie vermissen Ihre Freunde/Familie. (2 BE)
- Das größte Problem war, eine günstige Unterkunft in der Nähe des Hotels zu finden. Sie teilen sich eine Wohnung mit einem Studenten aus Polen. (2 BE)
- Die letzten 2 Wochen wollen Sie durch das Land reisen und sich Sehenswertes anschauen. (2 BE)

3.3 Creative writing (15 BE)

Choose one topic and mark it. Write a text of about 180 words. Count your words.

☐ 1. **Discovering other cultures, people and places**
Choose and give a short description of a place on earth where you would like to travel to. Explain why. Think of the travel period, steps of preparation, planned activities there, customs, traditions, …
Write an entry for an international travel magazine.

☐ 2. **Staying abroad in a host family – one way to learn a foreign language**
You have decided to stay in a host family in an English-speaking country for a longer period. Introduce yourself and explain why you have chosen this kind of learning the language.
Don't forget to ask some questions.
Write a letter to your future hosts.

☐ 3. **Being a "Wunderkind"**
It is not necessary that you are a "Wunderkind" to be proud of yourself. What have you been proud of so far? Describe situations you had to manage and how they have influenced your life. Consider challenges and difficulties.
Write an entry for a blog.

☐ 4. **Discovering Germany as a foreign tourist**
Germany is a country worth seeing. It offers nature for relaxation, nice cities, special traditions, … Introduce your home country/region to foreign tourists in an interesting way.
Write an article for a website.

Lösungsvorschlag

1 Listening

Tapescript 1

MR PARKER: Hello.

MARIE: Hello. My name is Marie. I'm calling from Germany. Do you remember that I applied as an au pair? Am I speaking to Mr Parker?

MR PARKER: Yeah, I'm Adam Parker. I'm glad to get in contact with you. I read your profile on "aupaircontact" and we're really interested in children's au pair. I mean my wife Katie and I – we're really busy. She's a doctor and I'm a pilot and we really need someone to take care of our children.

MARIE: Yeah, I see. So how many kids do you have?

MR PARKER: Oh, we have two lovely kids. My daughter Jenny, she's four. She's a bit shy and my son Gordon. He really loves sports, especially baseball.
Do you actually have any work experience with children?

MARIE: Yeah, yeah, I do, I do. I've already worked in a kindergarten here in Germany. Hm, could you tell me what duties I'll have in your house?

MR PARKER: You just mainly look after the children, take really good care of them, assist them with hygiene, brushing their teeth and such. And yeah, just plan activities for them so that they can have some fun and stay busy. And also you'll need to organize and prepare healthy, varied and well-balanced meals for them. We like home-cooked food and we'd also like you to eat with our children.
Do you have a driver's licence?

MARIE: Yes, I do. I got it at the age of 17.

MR PARKER: That's great. Yeah, we have a "Chevi" and you'll use it to take Jenny to kindergarten and Gordon to elementary school and pick them up in the afternoons. And also Gordon has baseball practices on Tuesday and he'll need a ride to that.
It's an automatic, that shouldn't be a problem, right?

MARIE: No, it isn't. What I wanted to know, do I have to clean the children's room or do any other work in the house?

MR PARKER: Oh, no, not really at all. You'll just have to do the children's laundry and that's about all, and maybe do some shopping.

MARIE: Oh, that's not a problem at all. Ah, will I have a day off?

MR PARKER: You'll have Saturdays and Sundays off because as a family we do a lot of activities and you can relax, meet some friends or do whatever that seems fun to you. You'll only be working about 25 to 30 hours a week and you'll be being paid about 270 dollars a week. And if you work with us for a full year, you'll have two paid weeks of vacation and also we'll pay for your flight ticket over.

MARIE: Really, oh great. Thank you so much. It'll be a great pleasure to work for you. It's exactly what I imagined this job to be. So I'm totally excited about meeting you.

MR PARKER: That's gawdy, good to hear.

MARIE: When do I start to work?

MR PARKER: You'll start on 20th November. I mean, my wife and I – we're really busy and we'll need someone as soon as possible.

MARIE: Ok, sure. It'll be possible to start on 20th November.

MR PARKER: That's great. See you then and we're looking forward to meeting you.

MARIE: Me too, so see you. Bye.

MR PARKER: Bye.

Tapescript 2

MARIE: Good morning!

TAXI DRIVER: Hello, good morning. So, where would you like to go?

MARIE: I need to go to 243 Rodeo Drive, please. How long will the ride take us?

TAXI DRIVER: Ah, let's say about 20 minutes. Hop on in, I'll take you there. And by the way, where are you from?

MARIE: I'm from Leipzig, Germany.

TAXI DRIVER: Wow, Leipzig, that's far away. You're here to visit some friends, your relatives in the US? Yeah, Turkey Day is coming up soon.

MARIE: Well, yeah, I want to work as an au pair here in Philadelphia. Excuse me, what's Turkey Day?

TAXI DRIVER: Oh, so you probably didn't know that. Turkey Day is a nickname for Thanksgiving actually and Thanksgiving is one of the big six major holidays here in America along with, obviously, Christmas, New Year's Day. And Thanksgiving is always celebrated on the 4th Thursday of November. Do you know why Americans celebrate it?

MARIE: Well. Yeah, actually I've heard about it. I learnt something about it in my English and History lessons. And well, I'm not sure. But I think that first Thanksgiving was celebrated to give thanks to God for safely guiding people to the New World.

TAXI DRIVER: You sound like a real history teacher at school.

MARIE: Well, actually I'm really interested in history. I plan on studying history and to become a teacher after this year.

TAXI DRIVER: Ah, Gosh, that is so, that is really interesting. Oh no, it says the street ahead is closed. Oh, probably because of the preparations for Thanksgiving.

MARIE: Never mind, the street's actually pretty crowded, so heavy traffic today.

TAXI DRIVER: Thanksgiving weekend is like this. It's one of the busiest travel periods of the year. Ah, we have a four or five-day weekend vacation for schools and colleges and obviously many workers love Thanksgiving as well because it's a paid vacation, paid holidays, you can't beat that.

MARIE: Yeah, I see, so I'm really looking forward to meeting my new family and to see how they celebrate Thanksgiving. What are your plans for Thanksgiving? Are you going to work or are you staying at home and join your family?

TAXI DRIVER: Ah, yeah, thank God Thanksgiving is coming, I've been waiting for it. Well, I could stay home for two days, all right, and I'm looking forward to that. I'm actually going to prepare Thanksgiving dinner for my family and test out some new recipes and …

Tapescript 3

RADIO SPEAKER: Traditional, home-made, mmmh and really tasty.
It doesn't get better than this.
Thanksgiving Pumpkin Chocolate Chip cookies.
Try them. Enjoy them, love them.

TAXI DRIVER: Oh, I really have to turn up the radio right now. Excuse me, they're going to talk about a recipe that you just have to hear about. It's delicious.

RADIO SPEAKER: If you like pumpkin pie and chocolate, you'll love these cookies.
This is a traditional family recipe.
It's easy to make and the preparation time is 1 hour and 10 minutes.
And it makes 12 cookies.

You'll need the following ingredients:

1 cup of cooked pumpkin, 1 cup of white sugar, 2 cups of flour, 1 egg, ½ cup of chopped walnuts, 1 teaspoon of milk, 2 cups of chocolate chips, ½ cup of vegetable oil, 1 tablespoon of vanilla extract, ½ teaspoon of salt, 1 teaspoon of baking soda, 2 teaspoons of ground cinnamon, 2 teaspoons of baking powder

And here's how you make the cookies:

1. You combine the pumpkin, the sugar, vegetable oil and egg.
   You stir together the flour, baking powder, ground cinnamon and salt in a separate bowl.
   Then you mix the baking soda with the milk and stir it in.
   Add the flour mixture to the pumpkin mixture and mix well.
2. Add vanilla, chocolate chips and nuts.
3. Spoon 12 small portions onto the greased baking paper.
4. Bake at 350 °F, that's 175 °C for 10 minutes until they are lightly brown.

And here's a tip for you: These taste best when they're cold. So put them in the fridge for two hours. Have fun and enjoy.

TAXI DRIVER: 243 Rodeo Drive, ah, here we are. And that's going to be $ 27.75, please.

MARIE: Well, here's $ 30. Keep the change. And thanks a lot for the awesome ride. Thanks so much, bye.

TAXI DRIVER: Good bye.

1.

Things to ask Mr Parker		
parents' jobs:	mother – *doctor*	father – pilot
children:	daughter – Jenny	son – *Gordon*
duties:	• assisting the kids with brushing their teeth • *look after/take care of the children* • *plan activities* • *cook/prepare healthy meals for the children* • *do the (children's) laundry/shopping* • *drive the children to school and pick them up in the afternoons*	
days off:	*Saturday*(s) and *Sunday*(s)	
working hours:	*25–30* hours a week	
payment	*270* $ a week	

2. a) **true** (l. 51)
   b) **false** (ll. 60/61)
   c) **false** (ll. 74/75)
   d) **false** (l. 81)

3. Multiple choice: oil, milk, egg, sugar, salt
   a) a flour and a pumpkin mixture. (l. 106)
   b) chocolate chips. (l. 107)
   c) 12 portions. (l. 95)
   d) 175 °C. (l. 109)

2 Reading

2.1 Comprehension

1.

	number
In this section you learn where people went when they left Germany.	**2**
This section tells you about a person whose experiences as a child strongly influenced later career plans.	**4**
This section is about someone who has been living abroad for some time now and is very famous and successful.	**3**

2. a) **true**
   Hinweis: Text 1: "Programmes like Goodbye, Deutschland! *or* Auf und davon *teach us that it's easy to underestimate the challenges of moving to another country ..."*

   b) **false**
   Hinweis: Text 2: the chart shows that there were around 14,000 Germans who emigrated to the USA in 2009, but only around 4,500 who moved to Canada

   c) **true**
   Hinweis: Text 3: "He is extremely agile for a '7-footer' (players of 2.13 m and over)."

   d) **not given**

3. a) After school Jan Bildhauer decided **against military service/for volunteering** on the "Anderer Dienst im Ausland" programme.
   Hinweis: Text 4: "After Jan finished school, he decided against military service and chose to become a volunteer on the 'Anderer Dienst im Ausland' programme."

   b) Go Ahead! is an organisation that helps **children** in South Africa.
   Hinweis: Text 4: "... Go Ahead!, *an aid and development organisation that helps children in South Africa ..."*

   c) Katharina's school in Deyang city had around 9,000 students **including** 1,500 boarders.
   Hinweis: Text 5: "Her school had around 9,000 students, including 1,500 boarders ..."

2.2 Mediation

Hinweis: Die Aufgabenstellung lässt offen, ob die Lösung in Stichpunkten oder in ganzen Sätzen zu formulieren ist. Deshalb werden hier beide Möglichkeiten angeboten.

Tipps für den Auslandsaufenthalt

- Pass rechtzeitig beantragen
- sich über Gesetze und Sitten des Landes informieren und sie respektieren
- allgemeine Umgangsformen (Kleiderordnung, Begrüßung, Straßenverkehrsordnung etc.) respektieren
- Hinweise des Konsulats sorgfältig lesen, um mit den Reiseinformationen für das betreffende Land vertraut zu sein
- Kommunikationsfähigkeit/Sprachkenntnisse und Wissen über das Land erweitern, um bei der Einreise sicher aufzutreten

oder:

Wenn du längere Zeit im Ausland leben möchtest, solltest du einige wichtige Dinge beachten:
- Kümmere dich rechtzeitig um den Pass.
- Informiere dich über die Gesetze und Sitten des Landes und halte dich daran.
- Respektiere Regeln, die Kleidung, Begrüßung, Straßenverkehrsordnung und Umgangsformen betreffen.
- Lies die Hinweise des Konsulats sehr aufmerksam durch, um dich mit allen Reiseinformationen über das betreffende Land vertraut zu machen.
- Erweitere deine sprachlichen und landeskundlichen Kenntnisse, um bei der Einreise sicher auftreten zu können.

3 Writing

3.1 Language components

(1)	☐ where	☐ which	☒ who	☐ whose
(2)	☐ are coming	☒ came	☐ come	☐ have come
(3)	☐ mother	☒ mother's	☐ mothers	☐ mothers'
(4)	☐ attend	☐ attended	☒ attending	☐ attends
(5)	☐ bottle	☒ bottled	☐ bottling	☐ bottles
(6)	☐ go	☐ goes	☐ gone	☒ went
(7)	☒ after	☐ behind	☐ following	☐ next
(8)	☐ her	☒ his	☐ our	☐ your
(9)	☐ honest	☒ honestly	☐ honesty	☐ honour
(10)	☐ more slight	☐ most slight	☐ slighter	☒ slightest

Hinweis:

(1) *die Person, die die Tomatensauce erfand: das Relativpronomen* who *bezieht sich auf eine Person.* (which – *bezieht sich auf Dinge;* whose – *dessen/deren;* where – *wo*)

(2) *Seine Eltern kamen:* simple past *wegen der Zeitangabe in der Vergangenheit* in the late 1900s (are coming – present progressive; come – simple present; have come – simple present perfect)

(3) *Gemüse aus dem Garten seiner Mutter: besitzanzeigende Form mit s-Genitiv im Singular, da der Garten seiner Mutter gehörte* (mother – *Nominativ Singular;* mothers – *Nominativ Plural;* mothers' – *Genitiv Plural*)

(4) *Nach dem Besuch des Business College: nach einer Präposition (after) kann ein Verb nur in Form eines Gerunds verwendet werden* (attend – *Infinitiv;* attended – simple past; attends – simple present, *3. Person Singular*)

(5) *verkaufte in Gläser abgefüllten Meerrettich: das Verb* bottle *wird hier in der Funktion eines Adjektivs verwendet, daher muss das* past participle *gebildet werden* (bottle – *Substantiv oder Verb;* bottles – *Plural des Substantivs oder* simple present, *3. Person Singular des Verbs;* bottling – present participle)

(6) *sie gingen 5 Jahre später bankrott:* simple past *wegen der Zeitangabe in der Vergangenheit* 5 years later (go – simple present; goes – simple present, *3. Person Singular;* gone – past participle)

(7) *Bald darauf/danach: die Präpostion* after *bedeutet* nach *im zeitlichen Sinn* (behind – nach *im örtlichen Sinn;* following – *in Folge;* next – *nächste(r,s) als Adjektiv*)

(8) *viele seiner geschäftlichen Ideale: das Possessivpronomen* his *zeigt an, dass es sich um die geschäftlichen Ideale von K. H. Heinz (3. Person Singular, männlich) handelt* (her – *ihr;* our – *unser;* your – *dein/euer*)

(9) *sollte ehrlich verdient werden: das Adverb* honestly *bestimmt das Verb* earn *näher* (honest – *Adjektiv;* honesty – *Substantiv;* honour – *Substantiv)*

(10) die geringste Verschwendung vermeiden: der Artikel weist auf die Verwendung einer Superlativform als Attribut hin (more slight/most slight – *falsche Steigerungsformen eines einsilbigen Adjektivs;* slighter – *Komparativ*)

3.2 Guided writing

Für diese Aufgabe gibt es insgesamt 15 Punkte. Für den Inhalt deiner E-Mail kannst du bis zu 12 Punkte erreichen. Einen weiteren Punkt bekommst du, wenn der Anfang und das Ende deiner E-Mail korrekt sind. Darüber hinaus gibt es bis zu zwei Punkte für sprachliche und stilistische Korrektheit.

Dear John,

Thank you for your last email, I really enjoyed reading it. I'm in Scotland at the moment! I've been here since April and I'm going to stay for six months. The flight to Glasgow was exciting because of stormy weather. I'm working at a hotel from 9 a.m. to 6 p.m. every day now. I do different jobs, such as cleaning or restaurant work. I'm not used to working all day and I really miss my family and friends. When I got here, one of the biggest problems was finding cheap accommodation near the hotel. I now share a flat with a Polish student. During the last two weeks of my stay I want to travel round the country and visit some sights.

That's all for today, I'm really tired after 8 hours of work. How are you doing at the moment? Let me know.

Yours,
(your name)

3.3 Creative writing

Die Lösungsvorschläge sind länger als in der Aufgabenstellung gefordert und bieten eine breite Auswahl an möglichen inhaltlichen Punkten.

1. **Discovering other cultures, people and places**

South Africa is really worth visiting!

If you want to get to know customs, traditions, and landscapes that are completely different from ours, it's definitely a good idea to travel to South Africa. The country is a young republic that has overcome apartheid, the strict segregation of blacks and whites. South Africans are friendly, but there are still lots of problems, like crime, drug abuse, and AIDS.
In South Africa you can see the whole world in one place: beaches, the sea, mountains, lots of wild animals, deserts, and rich vegetation (forests, flowers, fruits, and vegetables).
The best time for travelling to South Africa is in January and February. It's summer then, with temperatures of around 30–40 °C.
Before you leave, you should make sure to have a passport that will be valid for at least another six months. You'll also have to change euros into rands, the local currency. It might be a good idea to work on your English, too,

because that's the official language in South Africa, alongside Afrikaans. While you're there, your English will improve even more.
You can do a guided group tour of the country, or you plan the trip yourself with the help of guidebooks, maps, and the Internet. You can rent a car and go wherever you want on your own. But be careful and don't stay out at night in dangerous areas!
I'm sure that after your stay in South Africa, you'll love the country and its people. *(248 words)*

2. **Staying abroad in a host family – one way to learn a foreign language**

Dear Mr and Mrs Miller,

My name is (your name) and I am the girl/boy from Germany who will be staying with your family from July to December this year.
I'd like to tell you a little about myself first. I'm 16 and I'll be finishing school in five weeks. My parents work together in their own book shop. I've got a 13-year-old brother called Thomas, who goes to grammar school and is a very good pupil. We share one hobby: football. That's why our relationship is relaxed and very close. I play in our school team, and he's the goalkeeper in our local team.
My English is not bad, but as I've decided to work in the tourist industry, I'll have to improve my communication skills and become more proficient in English. I'm sure that living with your family and in your country will be the best way to do that.
Before packing my suitcase and leaving my home town, I'd like to ask a few questions:
Do you have any children? If you do, please tell me something about them.
What about pets? – I love cats, by the way.
Will I have my own room with Internet, TV, or radio?
Last but not least, I'd like to know whether there is a river or lake near your house because I'm really fond of rowing.

I look forward to hearing from you.
All the best to you and your family.

Kind regards,
(your name) *(245 words)*

3. **Being a "Wunderkind"**
I have often wondered what it would be like to be a wunderkind. It must feel fantastic to be simply the best in one or even several fields. You get lots of compliments all the time, and everyone talks about your special talents and skills. However, being a wunderkind has its negative side too. I guess some geniuses have trouble finding friends because others are often jealous of their talents.
As a wunderkind you can be proud of a lot of things. But everyone has something to be proud of! At the age of four, I was very proud of riding my skate-

board down the hill next to our house. One day, when I was doing that, I fell and broke my finger. However, I was even more proud then because I got this cool plaster that all my friends could write their names on.
At the age of ten, I won second place in a school swimming competition. Most of the other swimmers had done a lot of training beforehand, but I won without any training. I am still proud of that.
Being successful can make you very happy, but the problem is that, if you have achieved something special once, many people will expect you to do that again every time. Everyone should be careful not to take other people's achievements for granted. *(225 words)*

4. **Discovering Germany as a foreign tourist**

You want to visit Germany? That is a very good choice! The country has many interesting regions and cities, and its scenery is unbelievable too.
One of the cities that are extremely popular among tourists is Dresden. Visiting it, you can learn a lot about the history of this beautiful place. Its famous old buildings, for example the Zwinger or the Church of Our Lady, are open to the public and give you an insight into Dresden's magnificent architecture. People who love culture and art should visit the "Green Vault" with its gold treasures from the Baroque period and the city's famous art gallery, which offers paintings by famous artists from different periods.
In addition to all that, Dresden has many shopping centres. The biggest and best one is the Old Market Gallery, which is right in the centre of the city.
There are several companies that offer hop on/hop off sightseeing tours on a bus. If you think that is too expensive, you can also borrow a bike and cycle around the city.
As far as accommodation is concerned, Dresden has lots of nice hotels inside and outside the city.
As you can see, Dresden is a very good choice, it is a place that is well worth visiting! *(212 words)*

Realschulabschluss Englisch (Sachsen)
Abschlussprüfung 2014

1 Listening (15 BE)

Doing a project at a language school
Students from different countries are at a language school in London. They are doing a project. There are four parts. You will hear each part twice.

1. First listen to the teacher at the language school and complete the notes in English. (3 BE)

<u>Language Course Project</u>

Topic: ______________________________

Groups of __________ students

What to do for the project:

- ______________________________
- do a presentation

2. Now listen to two interviews in the streets and answer the questions in 1–5 English words or numbers. (5 BE)

   a) How does the girl characterize British people? Name two adjectives.

   ____

   b) How is Wales different from England? Name one fact.

   ____

   c) When was the first Mini sold?

   ____

   d) Which celebrity/celebrities once bought a Mini?

   ____

   e) Where does the famous Mini Run start?

   Start: ______________ Finish: *Brighton*

3. Now listen to the interview with a pub owner and complete the sentences in English. (4 BE)

   a) Pub means …

   ____

   b) The Star Pub opens at …

   ____

   c) If you want to buy a drink, you have to …

   ____

   d) At 11 pm the bell rings for …

   ____

4. Now listen to the students talk. Mark the correct option to complete the sentences. (3 BE)

   a) The bus didn't stop because
      - ☐ the student was late.
      - ☐ the student didn't want to take it.
      - ☐ the student didn't know how to stop it.

   b) The student couldn't get on the bus first because
      - ☐ he had to help the old lady.
      - ☐ the bus driver sent him to the end of the queue.
      - ☐ the old lady sent him to the end of the queue.

   c) The student had to pay more for the ticket because
      - ☐ the ride was longer than expected.
      - ☐ he was not able to pay cash.
      - ☐ the bus driver had no cash to give change.

2.1 Comprehension

Read the text. Then do the tasks 1 to 3.

Fish and chips

Every Friday afternoon around half past five, Mum would send one of us round to Hammond's, the fish-and-chip shop. For sixpence you could get a piece of rock salmon in batter[1], a portion of chips cost one penny. Everything was wrapped first in clean paper and then in newspaper to keep it warm. We ate the fish and chips with salt and vinegar. These are the childhood recollections of my uncle, Thomas Sharp, a man who grew up in a poor area of London in the late 1930s. The tradition of a fish-and-chip supper is familiar today to millions of British families – though, of course, with higher prices and without the newspaper. It is hard to imagine a time when this quick, tasty meal was not available. In fact, though, fish and chips as a meal is only around 150 years old.

Fish and chips were sold separately for years before anyone had the idea of combining the two. According to John Walton in his book *Fish and Chips and the British Working Class, 1870–1940*, it was probably London's Jewish community that started the trade in fried fish around the mid 19th century. Cooking it in fat had the advantage that it stopped the fish going bad.

About the same time, small shops offering fried potatoes appeared in the industrial towns of northern England. The concept of frying small pieces of potato had come over from France, where the very first recipe for this dish was published in 1755. The English chip shop had nothing in common with these cultivated origins except for the main ingredient. "Chipped potatoes" were often sold from the front rooms of working-class homes by women trying to earn some extra income. "An old boiler filled with rank lard set up on a block of bricks, with a small coal fire underneath," is how Colin Spencer describes such a business in his book *British Food*. It was a meal for the poor – cheap and satisfying – and it was produced in an environment where nobody could afford to care about hygiene and the smell of fish or fat.

Between 1870 and 1890, someone had the idea of bringing these two types of food together, and what Walton calls "the momentous marriage of fish and chips" took place. Exactly when and where this happened is not known, but we do know that the trade spread fast. By 1914, 800,000 meals of fish and chips were being sold across Britain each week.

The expansion of the fish-and-chip trade at this time was supported by improvements in technology. By the 1890s, British fishing fleets were sending fast steam-powered boats to the waters around Iceland. Here,

they caught plentiful cod, which was frozen immediately and sent back home. The excellent British rail service allowed the fish to be distributed quickly and efficiently. At the same time, inventions such as the industrial "wonder potato peeler" ended one labour-intensive aspect of the fish-and-chips trade.
In the 1950s, fish and chips was mainly a working-class meal. It was something hot that was easy to eat while walking home after a day at the factory. The terraced houses of industrial towns were often so small that cooking at home was a challenge. The business idea, Walton says, was attractive to "small, back-street entrepreneurs". Also, there were few other food vendors with whom to compete.
By the time competition finally arrived in the form of cafés and hamburger restaurants in the 1950s and 60s, the fish-and-chip tradition had grown and was strong enough not to be destroyed. Today, there are around 11,500 fish-and-chip shops in Britain.

adapted from: Inez Sharp, Spotlight Heft 6/2012, S. 22/23

1 rock salmon in batter – in Teig gebackener Räucherfisch

1. Find out whether the following statements are true, false or not given. Mark the correct option. (4 BE)

	true	false	not given
a) Fish and chips as a meal is more than 200 years old.	☐	☐	☐
b) In 1755 the recipe for fish and chips was brought from France.	☐	☐	☐
c) Until 1914 the trade with fish and chips had developed tremendously.	☐	☐	☐
d) In the 20th century fish and chips was very popular in British schools.	☐	☐	☐

2. Match the sentence halves. Use the chart below. (3 BE)

		A	… caught plentiful cod in the waters around Iceland.
1	Thomas Sharp	**B**	… fried the fish in fat to conserve it.
2	Workers' wives	**C**	… could afford to care about hygiene in the house.
3	Jewish people	**D**	… often sold potatoes to increase the family budget.
		E	… used to have the popular dish salty and sour.

1		**2**		**3**	

3. Answer the questions according to the text in English. (3 BE)

   a) Why was fish and chips so popular among the working class? Name two reasons.

   ____

   ____

   b) What supported the spread of the fish and chips trade? Name two facts.

   ____

   ____

2.2 Mediation (5 BE)

Read the information and write down the main ideas in German.

Driving on the left – typically British?

There are many theories about this. One is that in the days before cars, people walked or rode on the left, so their right hand would be ready to reach for a sword if an enemy approached.
So why don't people on the continent drive on the left? Because of Napoleon! He was left-handed, you see and, so the theory goes, he made his armies march on the right so he could defend himself with his left hand.
The USA decided to drive on the right because it wanted to distance itself from its past as a British colony.
Whatever the real reason, Britain is not the only country with the left-hand rule. In fact, about a quarter of the world's population lives in countries where cars drive on the left. Besides former colonies like India and Australia these include Japan. Sweden also drove on the left until 1967.
And in 2009, Samoa changed from right to left-hand driving so residents could buy cheaper cars from Japan and Australia.

____

____

____

____

____

____

____

____

____

3 Writing (40 BE)

3.1 Language components (10 BE)

Mark the correct option in the chart below.

The telephone box

In the good old days, the traditional British telephone box was a national symbol. Before mobile phones made everything so easy, the public telephone box **(1)** an important focus for community life.

People of all types and classes would orderly **(2)** outside its red iron door.

(3) their pennies they waited patiently for **(4)** turn to be linked up to the great wide world.

For a shy people **(5)** the British it was an opportunity to meet and **(6)** news, gossip with neighbours and get some fresh air. And what's more, once you were inside the box everything you **(7)** was private.

Everybody uses mobiles nowadays, but talking loudly in **(8)** places with unseen faces, about personal feelings or secret dealings … well it's not something the true British feels comfortable about! Now there is a new generation of phone boxes **(9)** can link you up to the Internet, receive e-mails, take payment **(10)** phone card or credit card. Impressive, perhaps, but where is the romance?

(1)	☐ are	☐ is	☐ was	☐ were
(2)	☐ employ	☐ join	☐ queue	☐ turn on
(3)	☐ Clutch	☐ Clutched	☐ Clutches	☐ Clutching
(4)	☐ their	☐ there	☐ they	☐ they're
(5)	☐ how	☐ just	☐ like	☐ so
(6)	☐ change	☐ exchange	☐ reimburse	☐ replace
(7)	☐ said	☐ say	☐ saying	☐ says
(8)	☐ public	☐ publican	☐ publicity	☐ publicly
(9)	☐ where	☐ which	☐ who	☐ whose
(10)	☐ at	☐ by	☐ in	☐ past

3.2 Guided writing (15 BE)

During your stay at the language school in Brighton you are not satisfied with the situation in the school cafeteria. Write a note for the agony box (*Kummerkasten*) of that school.

Bringen Sie zum Ausdruck, dass

– die Speisen sehr gesund, schmackhaft und abwechslungsreich sind. (2 BE)

- Sie aber mit der Situation im Speiseraum unzufrieden sind und sich einiges ändern müsste. (2 BE)
- die Schüler zu wenig Zeit zum Essen haben, weil sie zu lange auf ihr Essen warten müssen. (2 BE)
- der Speiseraum ungemütlich, oft schmutzig und es zu laut ist. (2 BE)

Fragen Sie,
- ob man zwei Pausen zum Essen einrichten könnte. (1 BE)
- ob es möglich ist, den Raum zu verschönern. (1 BE)
- ob die Cateringfirma Grünpflanzen und Servietten sponsern könnte. (1 BE)

Machen Sie zwei weitere Vorschläge zur Verbesserung der Situation. (2 BE)

Für die stilistische Qualität der sprachlichen Umsetzung können Sie bis zu 2 BE erhalten. (2 BE)

3.3 Creative writing (15 BE)

Choose one topic and mark it. Write a text of about 180 words. Count your words.

☐ 1. **"Young entrepreneurs introduce themselves"**
John Walton says "The business idea was attractive to small, back-street entrepreneurs".
Imagine you have the chance to build up your own business in future. Describe your kind of business, the strategy, the aims, realization, …
Write your ideas in the blog "Young entrepreneurs introduce themselves".

☐ 2. **Typically German?**
There are a lot of prejudices and clichés about Germany and the Germans. Tell your English speaking friend what is typically German in your opinion. Think of behaviour, food, traditions, festivals, …
Write an e-mail to your friend who wants to stay for one year here in Germany.

☐ 3. **Winning a birthday party**
You want to take part in a competition where you can win a birthday party for you and ten of your friends. You have to send in your ideas for this party. Think of the location, food and drinks, entertainment, transportation, etc.
Write an e-mail to the organizer of the competition.

☐ 4. **Fast food, smartphones and fake goods**
Nowadays the world is highly dominated by these trends. What about your life – is it influenced by them, too? Think of advantages and disadvantages of some modern trends.
Write an article for a youth magazine.

Lösungsvorschlag

1 Listening

Tapescript 1

TEACHER: Good morning everyone. Today is Tuesday, so it's the second day of your language course. I hope you all enjoyed your first day. This week we'll be doing a project and for this project I'd like you to find out what typically British means. Right, now let me explain how to do the project. First you'll need to make an opinion poll. You'll be working in groups of three to five people. Next Monday each group will do a presentation of about twenty minutes in class. You can work on the project today, on Wednesday and Friday but not on Thursday because that's when we have to go to Canterbury for our excursion. Tomorrow morning on Wednesday I'd like you to interview people in the streets.

Tapescript 2

NORA: All right, cross the street, be careful. First look right then left. It's even written on the streets. We're in England now, not in the Netherlands.

CARINA: Oh thanks, I always forget. You're right, it can be dangerous. Look, that girl over there. Let's ask her. Hello, excuse me, we are Nora from Norway and Carina from the Netherlands. We go to an international language school here in London and our task is to interview people in the streets to find out what's typically British. May we ask you first?

WELSH GIRL: Sure. We hold lots of traditional values but at the same time we are very modest. Other countries see us as hard-working people who enjoy having a good time. The British sense of humour is very special. Our sarcasm and irony often confuse foreigners. We are famous for Mr Bean, not only on the British Isles. Otherwise everybody associates Brits with fish and chips, Marmite and in Wales Welsh rarebit. I come from Wales. Being Welsh means being proud of my country. Wales is quite different to England. We have many laws of our own, for example, we pay less tuition fees than students in England. We have to support Wales in rugby matches. Lots of British people are very proud of where they come from.

CARINA: Hm, yes and I believe, they are very traditional.

CARINA: Oh, Nora c'mon quick, let's ask the man in the car over there. He's just arrived. Sir, may we ask you a question?

MAN: Yeah sure. How can I help?

NORA: We're doing a project at our language school and we want to find out what typically British means. What's your opinion?

MAN: Well, I think the Mini is a British style icon. Did you know, the Mini Cooper was recently voted the second most influential car of the twentieth century? The first model rolled out in 1959 and was sold very cheap.

NORA: Why did it become so popular?

MAN: It looked a bit odd at the time and sold badly. But Princess Margaret and the Beatles bought one and it soon became very popular. The most famous model of all was the souped-up Mini Cooper, introduced in sixty-one and this car really became famous when it won the Monte Carlo Rallye more than twice in the sixties.

NORA: Amazing. I am a fan of the Mini myself.

MAN: Really? So you must come to see the London to Brighton Mini Run. I've been taking part for six years now. Last year thousands of Minis made the run from Crystal Palace to the coast in Brighton. When I started in London last year I found myself saying: "Rain, rain, go away, come again another day." And it worked. It was only cloudy when we arrived in Brighton. So rainy weather – typically British, too?

NORA: Thank you so much.

MAN: It was a pleasure. Hope to see you at the next London to Brighton Run.

Tapescript 3

NORA: What about asking this young man in front of the pub?

CARINA: Well, why not, he doesn't look very busy to me.

NORA: Hello, excuse me, we're at a language school. We're trying to find out what typically British means.

PUB OWNER: Hmm, first of all, pubs come to mind. Pubs, meaning public house. That's a very old tradition. I'm a pub owner myself. The name of my pub is "The Star".

NORA: Wow, does that mean that lots of stars come to your pub?

PUB OWNER: Are you joking? This pub is very popular with local people. You know, if a church has the name St. Mary's, the nearest pub is traditionally called "The Star". Would you like to come in and have a look? We usually don't open before five thirty pm. You are not allowed to enter a pub under the age of eighteen. That's the law but this time I'll make an exception because it's for a school project, of course. Come in, please.

Here we've got two bars. One room is quieter than the other of course. There's also a garden, where people can sit in the summer. Lots of children with their parents, of course, are here.

By the way, where are you from?

CARINA: Oh, I'm from the Netherlands and Nora, she's from Norway.

PUB OWNER: Sure, you're tourists. You can easily spot a tourist at my pub, always waiting for a waiter. But there is no table service. You have to go to the bar to order drinks and food and pay for your purchase immediately. People usually buy rounds of drinks. Whichever person whose turn it is will buy drinks for all members of a group. At eleven o'clock you'll hear the bell for last orders. Pubs are very often busy, especially when there's live music playing. You don't have to queue, which is, of course, different from British habits. Barmen or barmaids will usually serve those who've been waiting the longest. And never order a big beer. A pint or half a pint is correct.

NORA: That's good to know. There are a lot of things you have to know to avoid a mistake.

Tapescript 4

CARINA: Hello, where were you this morning? We waited for you about twenty minutes but you didn't answer your phone. Got to tell you we interviewed really interesting people this morning.

BOY: Man, I had such a crazy morning. I wanted to take the bus. So I went out to the bus stop. And after fifteen minutes the bus arrived but it didn't stop. So I waited for another quarter of an hour and the same thing happened. Finally, an old lady joined me at the bus stop and when the bus got there she gave a sign by raising her arm and <u>then</u> the bus stopped, unbelievable. Apparently it's called a request stop but I didn't know that.
So since I was the first one there, of course I wanted to be the first one on the bus. But then the woman butted in front of me and the bus driver asked me to move to the back to wait for my turn because this is a queue. A queue consisting of one person. I've never seen that before in my life. I was pretty mad. And as if that's not enough I paid way too much for my ticket because the bus driver had no cash. So you have to bring correct change. So instead of one pound twenty-five I paid two pounds for the ticket. Is all this typically English … This is definitely not my day. So that's why I'm late and ended up missing you. Sorry about that.

NORA: Oh no, you poor thing. What do you think about having a cup of tea together this afternoon?

BOY: That's the best thing I've heard all day.

1.

Language Course Project

Topic: *Typically British*

Groups of 3 - 5 students

What to do for the project:

- *interview people (in the street), (carry out an) opinion poll*
- do a presentation

2. a) traditional (l. 19) / modest (l. 20) / hard-working (l. 20) / sarcastic (l. 21) / ironic (l. 21) / proud (l. 27)
   b) (own) laws (l. 25) / less (tuition) fees (l. 26) / support their own rugby team (ll. 26/27)
   c) in 1959 (l. 37)
   d) Princess Margaret (l. 39) / the Beatles (ll. 39/40)
   e) London (Crystal Palace) (l. 46)

3. a) public house (l. 57)
   b) 5.30 (pm) (l. 64)
   c) go to the bar (l. 73), pay immediately (l. 74)
   d) (the) last orders (l. 76)

4. a) the student didn't know how to stop it. (ll. 91/92)
   b) the bus driver sent him to the end of the queue. (ll. 94/95)
   c) the bus driver had no cash to give change. (l. 97)

2 Reading

2.1 Comprehension

1. a) **false**

   Hinweis: "In fact, though, fish and chips as a meal is only around 150 years old." (ll. 11/12)

   b) **false**

   Hinweis: Hier musst du den Text ganz genau lesen. Darin heißt es nur, dass in Frankreich im Jahr 1755 das erste Rezept für frittierte Kartoffelscheiben veröffentlicht wurde. Die Kombination aus Bratfisch und Pommes entstand jedoch erst später: "Fish and chips were sold separately for years before anyone had the idea of combining the two. ... Between 1870 and 1890, someone had the idea of bringing these two types of food together ..." (ll. 13/14, ll. 31/32).

   c) **true**

   Hinweis: "By 1914, 800,000 meals of fish and chips were being sold across Britain each week." (ll. 34–36)

   d) **not given**

2.

1	E	**2**	D	**3**	B

3. a) It was a meal that was quick (l. 10)/tasty (l. 10)/cheap (l. 28)/satisfying (l. 29)/hot (l. 46)/easy to eat (l. 46)
   b) fast steam-powered boats (l. 39)/the (excellent) British rail service (l. 41)/the "wonder potato peeler" (l. 43)

2.2 Mediation

Hinweis: Da der vorgegebene Artikel als Fließtext geschrieben ist, liegt es nahe, auch die Lösung in vollständigen Sätzen zu formulieren. Es gibt jedoch keinen Punktabzug, wenn du in deiner Antwort Stichpunkte verwendest, solange die wesentlichen Informationen des Textes enthalten sind.

Linksverkehr – typisch britisch?

- Bevor es Autos gab, liefen und ritten die Leute links, damit ihre rechte Hand bei einem Überfall leichter das Schwert erreichen konnte.
- Warum gibt es auf dem europäischen Festland dann keinen Linksverkehr? Der Grund ist angeblich, dass Napoleon als Linkshänder seine Armeen rechts marschieren ließ.
- Die USA entschieden sich für den Rechtsverkehr, um sich von ihrer Vergangenheit als britische Kolonie zu distanzieren.
- Nicht nur in Großbritannien fährt man links. Etwa ein Viertel der Weltbevölkerung lebt in Ländern mit Linksverkehr, darunter ehemalige britische Kolonien wie Indien und Australien. Aber auch in Japan fährt man links (und bis 1967 gab es auch in Schweden Linksverkehr).
- 2009 stellte Samoa auf den Linksverkehr um, um preiswertere Autos aus Australien und Japan importieren zu können.

3 Writing

3.1 Language components

(1)	☐ are	☐ is	☒ was	☐ were
(2)	☐ employ	☐ join	☒ queue	☐ turn on
(3)	☐ Clutch	☐ Clutched	☐ Clutches	☒ Clutching
(4)	☒ their	☐ there	☐ they	☐ they're
(5)	☐ how	☐ just	☒ like	☐ so
(6)	☐ change	☒ exchange	☐ reimburse	☐ replace
(7)	☒ said	☐ say	☐ saying	☐ says
(8)	☒ public	☐ publican	☐ publicity	☐ publicly
(9)	☐ where	☒ which	☐ who	☐ whose
(10)	☐ at	☒ by	☐ in	☐ past

Hinweis:

(1) *Hier kann nur* was *die richtige Lösung sein (Textabschnitt im* simple past; *Singular*). (are/is – simple present; were – simple past, *Plural*)

(2) *Hier ist nur* queue *(„Schlange stehen/sich anstellen") möglich.* (employ – *„jdn. anstellen", z. B. in einer Firma;* join – *„sich anschließen/beitreten";* turn on – *„ein Gerät anstellen/einschalten"*)

(3) *„Ihre Pennys in der Hand haltend, warteten sie …": Hier ist* Clutching *als* present participle *erforderlich.* (Clutch – *Infinitiv;* Clutched – simple past; Clutches – *3. Person Singular,* simple present)

(4) *Die Lösung bezieht sich auf das Pronomen* they, *deshalb ist das besitzanzeigende Pronomen* their *hier richtig.* (there – *„dort";* they're – *„sie sind";* they – *„sie"*)

(5) like *bezieht sich im Vergleich auf ein Nomen.* (how – *indirektes Fragewort;* just – *als Vergleichswort nur in Kombination mit* as *zu verwenden;* so *ergibt lexikalisch keinen Sinn*)

(6) *Hier kommt nur* exchange *(„Neuigkeiten austauschen") in Frage.* (change *„wechseln"/„verändern";* reimburse – *„etwas erstatten";* replace – *„auswechseln/etwas austauschen", z. B. in Geräten oder Maschinen)*

(7) *Die Aussage bezieht sich auch weiterhin auf vergangenes Geschehen, deshalb muss das* simple past *verwendet werden.* (say/says – simple present; saying – present participle)

(8) *Hier kommt nur ein Adjektiv in Frage, daher ist* public *(„öffentlich") die richtige Lösung.* (publicly – *Adverb;* publican – *Substantiv;* publicity – *Substantiv*)

(9) which *bezieht sich als Relativpronomen auf einen Gegenstand.* (who *bezieht sich auf Personen;* whose – *„dessen/deren";* where – *„wo"*)

(10) *Hier ist nur* by *möglich („mittels/mit Karte").*

3.2 Guided writing

Beim gelenkten Schreiben sind die inhaltlichen Punkte, die in deiner Lösung vorkommen müssen, bereits weitgehend vorgegeben. Bis auf die geforderten Verbesserungsvorschläge zum Schluss musst du also nicht selbst zu einem Thema Stellung nehmen, sondern sollst die in der Angabe genannten Aspekte in einen sprachlich korrekten und stilistisch angemessenen englischen Text überführen. Ist deine Lösung besonders ansprechend formuliert, bekommst du dafür bis zu zwei Punkte extra – lies dir deine Antwort zum Schluss also noch einmal aufmerksam durch und überlege, an welchen Stellen du noch nachbessern könntest.

Dear Sir or Madam,

Let me first tell you that I really enjoy the healthy, delicious and varied meals served in the school cafeteria. Nevertheless, I'm rather unsatisfied with the situation in the cafeteria and there are several things that should be changed.
First of all, the pupils haven't got enough time to eat because they have to wait too long for their food. Furthermore, the cafeteria is uncomfortable, often dirty and it is too noisy there.
In order to improve the situation, could you perhaps arrange for two lunch breaks instead of just one? And would it be possible to brighten up the room? Maybe the catering service could sponsor some plants and napkins. Pictures on the walls and nice curtains for the windows would also be great.
Thank you very much in advance.

Yours faithfully,

(your name)

3.3 Creative writing

Bei dieser Aufgabe stehen verschiedene Themen zur Auswahl. Wähle dasjenige Thema, zu dem dir am meisten einfällt und mache dir Notizen, um deine Lösung besser zu strukturieren. Die Beispiellösungen sind zum Teil etwas länger als die geforderten 180 Wörter, um verschiedene Aspekte zu beleuchten.

1. **"Young entrepreneurs introduce themselves"**

Hello, my name is (your name). I'm 16 years old and I'm from Chemnitz in Saxony. I would like to tell you about my own small business, which is called "Shopping for Neighbours".
The idea developed when my grandma, who is 65, had an accident with her bike. She had a broken arm, so she couldn't go shopping for weeks. As we live a few streets away, my family organised the shopping for her. One day, she asked me if I could also assist the two elderly women living next door and I agreed. The women would phone me twice a week and tell me what they needed. Then I would get the things from the local supermarket or the chemist's and bring them to their home. After three weeks I got calls from more and more elderly people inquiring about my "service".
Now my sister has joined me. For each shopping week we get € 5 per "client". At the moment I'm organising a network of supporters because I have observed that this kind of assistance is needed more and more.

(181 words)

2. **Typically German?**

Hi Ann,

I'm pleased to read that you are going to stay in Germany for a year. Maybe you can visit us in Saxony some time – it would be great to have you here.
But to answer your questions: I know that there are lots of prejudices and clichés about us Germans. It is said that we are very loud, eat a lot, drink too much beer, wear Lederhosen and Dirndls and that we have too many rules and no sense of humour. Although this may be true for some Germans, there are many qualities about us that people appreciate.
Most Germans are very reliable, hard-working and sociable. We like to do a lot of activities together with our friends and families, such as having barbecues or taking part in different cultural events (e. g. the Opera Ball and Dixieland festival in Dresden, the Gothic festival in Leipzig or the "Oktoberfest" in Munich). And we absolutely love the Christmas season! From the end of November onwards, all the streets and homes are beautifully decorated and people get together in the Christmas markets that take place in almost every town.
I'm quite sure you will enjoy your stay in Germany. But of course, it's up to you to form your own opinion about us. Give me a ring when you have arrived and settled in.

Yours, (your name)

(226 words)

3. **Winning a birthday party**

Dear Mr Miller,

I would very much like to take part in your competition to win a birthday party for my circle of friends. We're a group of eleven teenagers who have known each other since kindergarten. Although we go to different schools now, we have remained in close contact and regularly meet after school. The party that we are planning would not be for me or one of the others, however, but for a friend of ours – Peter. He lives together with his mother and unfortunately, his father doesn't support them. Although they have got enough money to live on, they can't afford "extras" such as going on holiday or having a party. So my friends and I thought about organising a surprise party for him. As a location for the celebration, we have chosen a nice picnic site in a park near our neighbourhood. We could have a barbecue there and each of us would bring along some meat, sausages, salads and drinks such as coke, lemonade and juice. We would also like to play some party games, listen to music and dance. I think it would be a great surprise for Peter. I hope it doesn't matter that there is one more person and we still have a chance to win the party.

Yours sincerely, (your name) *(219 words)*

4. **Fast food, smartphones and fake goods**

I'm hanging out with some friends when my smartphone rings. I can see on the display that my mum is calling. She probably wants to know whether I've already done my homework or when I'll be coming home. I guess we all know situations like these when we curse modern technology. Being available at all times can be a real nuisance – especially if it is your parents at the other end of the line. However, I don't think any of us would want to be without our smartphones. I use my smartphone not only for calling and texting but also for taking photos and sending them to friends, for example. When my mum and her friends used to exchange photos, they first had to get the film developed and then visit each other at home. And when I don't know a certain word in English, I can simply look it up online rather than having to consult a printed dictionary. So I guess there are both advantages and disadvantages to smartphones. The same also applies to other things that are popular in our generation, such as fast food and fake goods: hamburgers or pizza may not be particularly healthy and I definitely prefer my parents' home-made food, but I am nevertheless glad that there is a burger restaurant nearby where I can get a quick meal from time to time or meet my friends. As far as fake goods are concerned, I personally think that a person's character should be more important than the kind of clothes they wear. However, there is strong social pressure nowadays to wear certain brands and for those who can't afford the "real thing", fake goods are a cheap alternative. *(285 words)*

Realschulabschluss Englisch (Sachsen)
Abschlussprüfung 2015

1 Listening (15 BE)

Keeping Fit

You will listen to people talking about a leisure centre. There are two parts. You will hear each text twice.

1. First listen to the advertisement for a recently opened leisure centre. There are **6** mistakes in the leaflet. Find and correct them in English. (6 BE)

Welcome to the new Oak Tree Leisure Centre

Our Facilities

	correction
Indoor	
Two ~~yoga~~ and aerobic studios	*dance*
Two fitness suites	✓
One indoor climbing wall	
Three swimming pools (one with slides)	
Outdoor	
Multi-use games area	
All weather sports pitches – all with floodlights	
Squash and tennis courts	
Ice-rink open from March to October	

Our Courses

		correction
Monday and Wednesday	Zumba, Archery, Yoga, Aerobics	
Wednesday	Hula-hooping	

Tuesday and Thursday	Spinning, Fencing, Skating, Aerobics, Indoor rock climbing	
Friday	Paintballing, Skating	
Our Prices		
Centre members can save up to 30 %.		correction
Juniors	£ 15.59 a month	
Adults	£ 29.95 a month	
Seniors	£ 4.95 a month	
If you join the Oak Tree Leisure Centre now, you can use all facilities for free for the rest of July.		

2. Now listen to two students talking about the courses and mark **9** characteristics they mention for these sports. (9 BE)

	Archery	Hula hooping	Fencing	Indoor rock climbing
you need protective equipment				
is fast-paced aerobic workout				
is like a physical chess match				
burns lots of calories				
requires pure focus				
is harder than it looks				
can be done on your own after learning basics				
builds strength and balance				

2 Reading **(15 BE)**

2.1 Comprehension

Read the text. Then do tasks 1 to 3.

Laughter is the best medicine

Days go by and we must have strength and energy to live the day effectively, stay active and positive and not forget to smile. Where can we get the strength for this and what is able to charge us with this necessary energy?

It is hard to realize, but it is possible not to get tired ever, to stay active and full of energy all day, always think positively and keep smiling despite the hard impact of the outer world. More and more often people are subjected to different problems and difficulties – home routine, trouble at work, disagreements with the boss, relationship problems – and in the constant flow of these events people lose themselves. They cannot think about anything except ongoing hard times and pretty often they expect that the future will bring even more disaster in their lives. All this sounds fatal, but still there is a way out.

Besides a healthy and balanced nutrition and healthy sleep, laughter can be a strong medicine for your mind and body.

"Your sense of humour is one of the most powerful tools you have to make certain that your daily mood and emotional state support good health", says Paul E. McGhee, Ph. D., a pioneer in humour research.

Laughter is a powerful antidote to stress, pain and conflict. Nothing works faster or more dependably to bring your mind and body back into balance than a good laugh. Humour lightens your burdens, inspires hopes, connects you to others and keeps you grounded, focused and alert. With so much power to heal and renew, the ability to laugh easily and frequently is a tremendous resource for surmounting problems, enhancing your relationships and supporting both physical and emotional health.

- ☺ **Laughter relaxes the whole body.** A good, hearty laugh relieves physical tension and stress, leaving your muscles relaxed for up to 45 minutes afterwards.
- ☺ **Laughter boosts the immune system.** Laughter decreases stress hormones and increases immune cells and infection-fighting antibodies, thus improving your resistance to disease.
- ☺ **Laughter triggers the release of endorphins**, the body's natural feel-good chemicals. Endorphins promote an overall sense of well-being and can even temporarily relieve pain.
- ☺ **Laughter protects the heart.** Laughter improves the function of blood vessels and increases blood flow, which can help protect you against a heart attack and other cardiovascular problems.

Laughter makes you feel good. And the good feeling that you get when you laugh remains with you even after the laughter subsides. Humour helps you keep a positive, optimistic outlook through difficult situations, disappointments and loss.

More than just a respite from sadness and pain, laughter gives you the courage and strength to find new sources of meaning and hope. Even in the most difficult of times, a laugh – or even simply a smile – can go a long way toward making you feel better. And laughter really is contagious – just hearing laughter primes your brain and readies you to smile and join in the fun.

- ☺ **Laughter dissolves distressing emotions.** You can't feel anxious, angry, or sad when you're laughing.
- ☺ **Laughter helps you relax and recharge.** It reduces stress and increases energy, enabling you to stay focused and accomplish more.
- ☺ **Humour shifts perspective**, allowing you to see situations in a more realistic, less threatening light. A humorous perspective creates psychological distance, which can help you avoid feeling overwhelmed.

Shared laughter is one of the most effective tools for keeping relationships fresh and exciting. All emotional sharing builds strong and lasting relationship bonds, but sharing laughter and play also adds joy, vitality, and resilience. And humour is a powerful and effective way to heal resentments, disagreements, and hurts. Laughter unites people during difficult times.

Adapted from: Antonio Cammarata: Healthy lifestyle is trendy in the 21st century – Mind your body. In: Health Goes Up, 12/13/2011; Melinda Smith/Jeanne Segal: Laughter is the Best Medicine. *Helpguide.org is a trusted non-profit guide to mental health and well-being.*

1. Complete the statements with information from the text in 1–5 words: (4 BE)

   a) People are able to think positively although there are

   ____

   b) People often think about ongoing hard times and are afraid of

   ____

   c) Besides a healthy way of life ________________________

   ____________________________ can bring your mind and body back into balance.

   d) The ability to laugh easily and frequently can support

   ____

2. Decide whether the statements are true, false or not in the text. Mark the correct option. (5 BE)

	true	false	not given
a) Laughter can ease pain for a short time.	☐	☐	☐
b) Laughter can influence people's feelings and attitudes.	☐	☐	☐
c) Laughter can reduce people's energy.	☐	☐	☐
d) Laughter can replace physical exercise.	☐	☐	☐
e) Laughter can make people's relationships exciting and lasting.	☐	☐	☐

3. Which summary of the text fits best?
Mark the correct option. (1 BE)

a) The text gives advice how to use laughter in romantic relationships. ☐

b) The text describes the impact of laughter on a/the human being. ☐

c) The text explains the link between laughter and mental health. ☐

d) The text suggests opportunities to share laughter with others. ☐

2.2 Mediation

(5 BE)

Read the article and find 5 ideas about energy drinks in the USA that can be used in a discussion. Write them down in German.

Monster in a can

Americans love energy drinks. They spent $ 8.6 billion (€ 6.6 billion) on beverages such as Red Bull and Monster last year, and now the market is expanding to include caffeinated candy – and even waffles.
Too much caffeine, however, can cause anxiety, headaches, and even heart attacks. In the US, the law limits how much caffeine soft drinks may contain. Because most energy drinks are considered to be "dietary supplements", however, the rules are not considered relevant to them.
The Economist[1] reports that the laws governing caffeine may be about to change. The US Food and Drug Administration (FDA) has announced that it is investigating the health risks of energy drinks. Consumers may well wonder if Starbucks will be next. After all, a large cup of coffee from the chain contains at least twice as much caffeine as a can of Monster.

1 Titel einer Zeitschrift

3 Writing (40 BE)

3.1 Language components (10 BE)

Mark the correct option in the chart below.

How to pack a lunch box

For students, packing their own lunch box can mean freedom from the same cafeteria food each day, or from a parent's taste in lunch packing.

For professionals, it can mean **(1)** a lunch hour free for exercising, networking with colleagues, or getting some work done. Packing a lunch can **(2)** money and allow you to take control of your health and your diet.

When you select a good lunch box look for **(3)** characteristics:

- enough capacity, especially if you are packing food for **(4)** day and not just a lunch hour
- insulation to keep things cool; food will be **(5)** than without any at lunchtime
- carrying handles or straps.

No matter **(6)** carefully you pack, your lunch box will end up with crumbs and spills in it, so think about how easy it will be to wipe or rinse out.

Prepare the day before what you want to have, because if you **(7)** something you want, you can pop down to the shops. You can even plan your lunch menus a week **(8)** if you like. Preparing your lunch the night before also means less time **(9)** in the morning.

Place your lunch box in the refrigerator once it is packed, to keep the food **(10)** spoiling. When preparing the food you should aim for variety each day.

Adapted from: WikiHow article "How to Pack a Lunch Box", licensed under CC-BY-NC-SA-3.0

(1)	☐ had	☐ has	☐ have	☐ having
(2)	☐ protect	☐ safe	☐ save	☐ store
(3)	☐ that	☐ their	☐ these	☐ this
(4)	☐ an abridged	☐ an entire	☐ a limited	☐ a partial
(5)	☐ fresh	☐ fresher	☐ freshest	☐ freshly
(6)	☐ as	☐ how	☐ like	☐ what
(7)	☐ didn't have	☐ don't have	☐ haven't had	☐ won't have
(8)	☐ ahead	☐ advance	☐ in front of	☐ until
(9)	☐ are wasted	☐ is wasted	☐ was wasted	☐ were wasted
(10)	☐ away	☐ from	☐ in	☐ off

3.2 Guided writing (15 BE)

You are an exchange student at an English school. On your way to school you had a bike accident. The school wants you to fill in a school accident report form. Complete the form using the following details.

1 Sie fuhren am 10. April um 8.30 Uhr auf dem Weg zur Schule die *Park Street* bergab.
2 Am Ende der *Park Street* mussten Sie an einer Kreuzung anhalten.
3 Sie haben wie gewohnt gebremst, bemerkten aber zu spät, dass die Straße rutschig war.
4 Ihre Bremsen funktionierten nicht und Sie fielen vom Rad auf Ihre linke Körperseite.
5 Ihr Bein schmerzte sehr stark und Ihr Ellenbogen blutete.
6 Ein Autofahrer verband Ihren Arm und rief den Krankenwagen.
7 Ihre Gasteltern wurden vom Krankenhaus informiert. Sie mussten eine Woche zu Hause bleiben, da Ihr Arm gebrochen war.

School Accident Report			
General information			
Student's name:	Age:	Year: 11	(1 BE)
Home address:			
Medical insurance: AOK			
Accident information			
Date:	Time:		(1 BE)
Location:			
Description of the accident: *(Write complete sentences.)*			(8 BE)

Post-accident information (1 BE)

Was first aid given? ☐ yes ☐ no By whom? ______________

Description of first aid: ______________________________

____

Who was notified? ______________________________ (2 BE)

Was school attendance interrupted? ☐ yes ☐ no

If yes, why and how long? ______________________________

Date: 17 April 2015	**Signature:**

* *Für die stilistische Qualität der sprachlichen Umsetzung können Sie bis zu 2 BE erhalten.* (2 BE)

3.3 Creative writing (15 BE)

Choose one topic and mark it. Write a text of about 180 words. Count your words.

☐ 1. **Move your body**
For some students, the way to school and the sport in PE lessons are their only daily exercise. How much physical activity does a teenager need? What role does sport play in your life?
Explain your opinion in a contribution for a discussion board.

☐ 2. **You are what you eat**
There are different ways to feed yourself. How much do you think about your nutrition? Describe your eating habits.
Think about shopping, preparing, cooking etc.
Write an article for an international lifestyle magazine.

☐ 3. **Laughter makes us happy**
We all love to laugh. Laughter gives us a good feeling and can make us happy. Describe a situation or event when you had the feeling of great happiness.
Write an entry for a blog.

☐ 4. **A friend in need is a friend indeed**
At all times in our life we have relationships with other people, e. g. in our family, at school or in our job. When and where did you have a friend indeed right by your side?
Why was he/she so important?
Write your story.

Lösungsvorschlag

1 Listening

Tapescript 1

SPEAKER: *(music)* Achieve your goals – join the brand new Oak Tree Leisure Centre in the heart of town.

Are you bored with the same old gym routine? Do an activity which is both physical and fun. It's a super way to get in shape and stay motivated.

The Oak Tree Leisure Centre offers a great variety of well-equipped facilities. Relax in our sauna and solarium. Visit the bar upstairs that serves food and drink looking out onto the main hall. And that's not all – our indoor facilities include a Multi Purpose Sports Hall offering a wide range of leisure activities for the whole family of any age and ability. It even hosts the UK Main Event Wrestling Show and the yearly roller disco, furthermore, two dance and aerobics studios, two fitness suites, an indoor climbing gym, three swimming pools, one with slides.

The Oak Tree Leisure Centre offers a great variety of outdoor facilities, too; a Multi Use Games Area, all Weather Sports Pitches for football, hockey, one of which is floodlit, squash and tennis courts, and an ice-rink which is open from November to February, as well as fun activities and workout courses.

A team of friendly and fully qualified fitness instructors will support you to make your choice. So join a weekly course to suit your interests and abilities.

On Mondays and Wednesdays, we offer Zumba and Archery, which is a beginners' course, Spinning and Aerobics. On Wednesdays Hula hooping, on Tuesdays and Thursdays Spinning and Fencing, which is a beginners' course, Yoga and Aerobics, which is an advanced course, Indoor rock climbing, which is also a beginners' course. And on Fridays Paint balling and Skating. Experience it for yourself – you won't even realize you're working out. Getting fit needn't be painful! Centre Members get great discounts and save up to 30 % per month. Junior members, under 16s, £ 11.95 per month, adults £ 29.95 per month, seniors, over 60s, £ 4.95 per month. If you only want to go swimming, ask for a special swimming membership. All memberships will be valid for at least 12 months.

Best of all, there's a special offer this month. If you join the Oak Tree Leisure Centre right now, you can use all these facilities free of charge for the rest of July. Come along and experience the spirit of a new life.

Tapescript 2

A: How was school today?

B: OK, I suppose. But I'm glad it's Friday. We have the whole weekend off now.

A: Yes, it'll be great. Have you heard about the new leisure centre that's opening on Saturday? They've got really interesting offers and a varied programme. I've downloaded the programme that's running for the next four months.

B: All right. You probably mean The Oak Tree Leisure Centre next to the station on Kingston Road. Let me have a look at it. What courses are on a Monday evening? Skating, Spinning, Zumba, Archery coaching.

A: Archery coaching? Are you joking? Archery is a kind of activity that young boys like to do. They just want to pretend to be Indians.

B: Oh, don't be silly. Archery is the skill of shooting arrows with the use of a bow. Here it says:
Archery requires strong arms and pure focus. In order to hit the target, you must block out all outside influences and inner worries, and only focus on your target. This ability will help you to focus on your goals in your personal and professional life. Running back and forth to collect your arrows is another part of the physical ability.
That sounds a bit too stressful and I might miss the fun from concentrating too much on the sport.

A: What about Wednesday? You know, we finish school at 3.30. Haven't they got any courses in the afternoon?

B: On Wednesday there's judo, rope jumping and hula hooping. Look at the girls in the picture doing hula hooping. Let me read the short explanation.
Hula hooping is actually harder than it looks, but a good instructor can get you swinging your hips and doing tricks with your hoop in no time. To get started, you'll need the right hoop, preferably a heavy, large one that is about waist high.

A: That sounds really weird. I can't imagine doing hula hooping.

B: Hang on, I haven't finished yet. Listen. *Once you've got the basics down you can always get your own hoops, that come in a variety of sizes and weights. Or take the hoops to the park on your own or with friends. If you are feeling a little self-conscious, you can stick to your own garden.*
I know a girl who's been doing that for a couple of years and she's quite good at it. But hula hooping isn't the sport I'd like to do myself. I prefer a bit of a workout and a bit of a thrill.

A: So why don't you join a fencing class? There's a class on Tuesday evening and one on Thursday evening. And the leisure centre provides a mask and a jacket to protect your face, chest and arms. And here is some information about fencing: Do you want me to read it?

B: Let's find out what it says.

A: *If you want a fast-paced aerobic workout and you love to compete, sign up for a fencing class. It is like a physical chess match where you learn to anticipate your opponent's next move and to react to it. Because of its intense arm and footwork fencing burns calories and improves speed, flexibility and coordination.*

B: I think fencing seems a bit dangerous and I don't want to fight against other people. What about indoor rock climbing? You told me recently that you went rock climbing during your last holiday. And you really liked it, didn't you?

A: Yes, you're right. I have been to the Alps in Germany. It was amazing there.

B: So let's try an indoor rock climbing course for beginners that runs at 6.15 on Tuesday. I guess it'll be fun. What does the programme say?

A: *Indoor rock climbing is a workout that builds strength and balance and can burn up to 800 calories in an hour. It's like doing yoga on the wall because you are constantly shifting your weight so it builds muscles and strengthens your core.*

B: What a great idea – doing yoga on the wall.

A: Yes, I know. And … *You're using your legs to push yourself up the wall and your arms to pull yourself up. So you work muscles you didn't know you had. At our indoor climbing gym, beginners usually start climbing shorter walls without a rope or harness.*

B: He who dares wins. Yeah, let's try the indoor climbing course on Tuesday. I'd really like to do that. So we can train together, keep fit and hopefully we'll have a lot of fun too. And remember all courses are free in July.

A: That sounds great. So let's join the course on Tuesday …

1.

Welcome to the new Oak Tree Leisure Centre **Our Facilities**	correction
<u>Indoor</u>	
Two ~~yoga~~ and aerobic studios	*dance*
Two fitness suites	✓
One indoor climbing ~~wall~~	*gym*
Three swimming pools (one with slides)	✓
<u>Outdoor</u>	
Multi-use games area	✓
All weather sports pitches – ~~all~~ with floodlights	*one (with floodlights)*
Squash and tennis courts	✓
Ice-rink open from ~~March~~ to ~~October~~ / Ice-rink ~~open~~ from March to October	*(open from) November to February /* *closed (from March to October)*

Our Courses		correction
Monday and Wednesday	Zumba, Archery, ~~Yoga~~, Aerobics	*Spinning*

Wednesday	Hula-hooping	✓
Tuesday and Thursday	Spinning, Fencing, ~~Skating~~, Aerobics, Indoor rock climbing	Yoga
Friday	Paintballing, Skating	✓
Our Prices		
Centre members can save up to 30 %.		correction
Juniors	£ ~~15.59~~ a month	(£) 11.95
Adults	£ 29.95 a month	✓
Seniors	£ 4.95 a month	✓
If you join the Oak Tree Leisure Centre now, you can use all facilities for free for the rest of July.		

2.

	Archery	Hula hooping	Fencing	Indoor rock climbing
you need protective equipment			✓	
is fast-paced aerobic workout			✓	
is like a physical chess match			✓	
burns lots of calories			✓	✓
requires pure focus	✓			
is harder than it looks		✓		
can be done on your own after learning basics		✓		
builds strength and balance				✓

2 Reading

2.1 Comprehension

1. a) (different) problems / difficulties / problems like home routine / difficulties at work / disagreements with the boss / relationship problems

   b) the future / more disaster (in their lives)

   c) laughter / (your sense of) humour

   d) good health / physical and emotional health / your mind and body / …

2. a) **true**
   *Hinweis: "Laughter is a powerful antidote to stress, pain and conflict." (l. 19); "**Laughter triggers the release of endorphins** … Endorphins … can even temporarily relieve pain." (ll. 33–35)*

   b) **true**
   Hinweis: "Humour helps you keep a positive, optimistic outlook through difficult situations, disappointments and loss. More than just a respite from sadness and pain, laughter gives you the courage and strength to find new sources of meaning and hope." (ll. 40–44)

   c) **false**
   *Hinweis: "**Laughter helps you relax and recharge.** It reduces stress and increases energy …" (ll. 51/52)*

   d) **not given**

   e) **true**
   Hinweis: "Shared laughter is one of the most effective tools for keeping relationships fresh and exciting. All emotional sharing builds strong and lasting relationship bonds …" (ll. 57–59)

3. b) The text describes the impact of laughter on a/the human being. ☒
   Hinweis: Überschrift b passt hier am besten, da die Antwortmöglichkeiten a, c und d jeweils nur Teilaspekte des Texts abdecken.

2.2 Mediation

Hinweis: Bei dieser Aufgabe sollst du fünf Diskussionspunkte bezüglich Energydrinks aus einem englischen Artikel herausfiltern und auf Deutsch wiedergeben. Der Ausgangstext ist als Fließtext formuliert – wahrscheinlich fällt es dir deshalb leichter, auch in der Lösung ganze Sätze zu formulieren. Du bekommst jedoch keine Punkte abgezogen, wenn du Stichpunkte verwendest.

Monster in a can

– Im letzten Jahr gaben die Amerikaner 8,6 Mrd. Dollar für Energydrinks aus und der Markt wächst ständig weiter – inzwischen gibt es sogar koffeinhaltige Süßigkeiten.

- Zuviel Koffein ist gesundheitsschädlich und kann Angstzustände, Kopfschmerzen und sogar einen Herzinfarkt auslösen.
- Da Energydrinks als Nahrungsergänzungsmittel zählen, wird ihr Koffeingehalt – anders als bei Softdrinks – (noch) nicht gesetzlich beschränkt.
- Die amerikanische Behörde für Lebensmittel- und Arzneimittelsicherheit (FDA) prüft jedoch gerade die Gesundheitsrisiken von Energydrinks, sodass sich die Gesetzeslage bald ändern könnte.
- Eine Tasse Starbucks-Kaffee enthält mindestens doppelt so viel Koffein wie eine Dose Monster Energydrink.

3 Writing

3.1 Language components

(1)	☐ had	☐ has	☐ have	☒ having
(2)	☐ protect	☐ safe	☒ save	☐ store
(3)	☐ that	☐ their	☒ these	☐ this
(4)	☐ an abridged	☒ an entire	☐ a limited	☐ a partial
(5)	☐ fresh	☒ fresher	☐ freshest	☐ freshly
(6)	☐ as	☒ how	☐ like	☐ what
(7)	☐ didn't have	☒ don't have	☐ haven't had	☐ won't have
(8)	☒ ahead	☐ advance	☐ in front of	☐ until
(9)	☐ are wasted	☒ is wasted	☐ was wasted	☐ were wasted
(10)	☐ away	☒ from	☐ in	☐ off

Hinweis:

(1) *Auf das Verb* mean *kann nur das Gerundium* having *folgen.*

(2) *An dieser Stelle ist das Verb* save *einzusetzen.* Protect *(„schützen", „beschützen") und* store *(„lagern", „speichern") passen von der Bedeutung her nicht;* safe *ist aufgrund der Wortart (Nomen bzw. Adjektiv) nicht möglich.*

(3) *Hier muss* these, *also das hinweisende Pronomen im Plural, ergänzt werden.* This *und* that *sind zwar auch hinweisende Pronomen, allerdings im Singular, und* their *ist kein hinweisendes Pronomen, sondern zeigt den Besitz an.*

(4) *Hier ist nur* an entire (day) *(„einen ganzen Tag") möglich. Die Varianten* an abridged/a limited/a partial (day) *passen von der Bedeutung her nicht und sind als Wendungen nicht gebräuchlich.*

(5) *Aufgrund von* than *muss hier* fresher *(als Komparativ/gesteigerte Form im Vergleich) eingesetzt werden.* Fresh *(als Grundform/Positiv) und* freshest

(als Superlativ) scheiden aus; freshly *ist als Adverb ebenfalls falsch, da hier kein Verb näher beschrieben wird.*

(6) *Hier ist das Fragewort* how *(„wie") die richtige Lösung.* What *wäre hier bestenfalls alleine* (no matter what you pack) *oder in Kombination mit einem Nomen denkbar* (no matter what food you pack), *nicht aber in Verbindung mit dem Adverb* carefully. As *und* like *scheiden als Vergleichswörter ebenfalls aus.*

(7) *Hier liegt ein Bedingungssatz Typ I vor, der im if-Satz ein* simple present *erforderlich macht. Die Vergangenheitsformen* didn't have *und* haven't had *sowie das Futur* won't have *scheiden daher aus.*

(8) *Die richtige Lösung für diese Lücke lautet* ahead *(„im Voraus/im Vorhinein"). In* advance *(„im Voraus") wäre ebenfalls denkbar; da hier allerdings nur* advance *(„Fortschritt") steht, scheidet diese Möglichkeit aus. Die beiden anderen Optionen* until *(„bis") und* in front of *(„vor", mit örtlichem Bezug) kommen von der Bedeutung her ebenfalls nicht in Frage.*

(9) *Die Bezugnahme auf eine regelmäßige Handlung macht hier das* simple present *erforderlich – die beiden* past tense-*Formen* was/were wasted *sind daher falsch. Da das Wort* time *im Singular steht, kommt auch* are wasted *nicht in Frage – die richtige Lösung lautet also* is wasted.

(10) *Hier ist nur* (keep) from *(„vor etwas bewahren") möglich; die Varianten* away, in *und* off *ergeben keinen Sinn.*

3.2 Guided writing

Bei dieser Aufgabe sollst du dir vorstellen, du hättest als Austauschschüler/in in England einen Unfall auf dem Schulweg gehabt und musst nun ein Formular für die Schule ausfüllen.
Die inhaltlichen Punkte zum Unfallhergang sind bereits vorgegeben. Überlege, an welcher Stelle im Formular du welche Informationen eintragen musst, wo du ganze Sätze formulieren sollst und wo Stichpunkte reichen. Lies dir deine Lösung zum Schluss noch einmal genau durch und kontrolliere sie auf sprachliche Fehler. Ist dein Text stilistisch besonders gut gelungen, bekommst du dafür bis zu zwei Punkte zusätzlich.

School Accident Report		
General information		
Student's name: Maria Mustermann	Age: 16	Year: 11
Home address: Musterstraße 3, 01435 Musterhausen, Germany		
Medical insurance: AOK		
Accident information		
Date: 10 April	Time: 8.30 a.m.	
Location: Park Street, crossroads		

Description of the accident: *(Write complete sentences.)* I went down Park Street by bike. At a crossroad I had to brake. But I noticed too late that it was slippery. My brakes didn't work, and I fell on my left side. My leg hurt a lot and my elbow was bleeding.	
Post-accident information Was first aid given? ☑ yes ☐ no By whom? a driver Description of first aid: He dressed the wound on my arm and called the ambulance.	
Who was notified? my host family Was school attendance interrupted? ☑ yes ☐ no If yes, why and how long? My arm was broken. I had to stay at home for one week.	
Date: 17 April 2015	**Signature:** M. Mustermann

3.3 Creative writing

Beim kreativen Schreiben stehen dir vier Themen zur Auswahl. Entscheide dich für dasjenige, zu dem dir am meisten einfällt. Lies dir die Aufgabenstellung genau durch: Welche inhaltlichen Aspekte musst du berücksichtigen? Welche Textsorte wird von dir verlangt? Am besten machst du dir Notizen, bevor du mit dem Ausformulieren der Lösung beginnst. Wenn du mit dem Schreiben fertig bist, gehe noch einmal alles in Ruhe durch und kontrolliere, ob du auch wirklich alle Punkte behandelt und keine sprachlichen Fehler übersehen hast.
In der Prüfung musst du ca. 180 Wörter schreiben. Die untenstehenden Beispiellösungen sind absichtlich teilweise etwas länger, um dir möglichst viele Anregungen zu bieten.

1. **Move your body**

Health and sports belong together, and for me, young people and sports belong together, too.
Personally, I think that the two or three PE lessons we have at school are simply not enough. PE is more just to show us what we can do to stay fit. However, we should do a bit of exercise in our free time as well in order to stay healthy, e. g. by joining a sports club or going jogging, biking, or swimming.
Two years ago I didn't do any sport at all in my spare time. After school I usually stayed at home and sat in front of the TV or laptop. But that wasn't good for me: I was tired and without energy most of the time. During a bike

tour with friends, I suddenly realised how happy I felt moving my body, and I decided to do more for my fitness. So I started to cycle every day – first, only to school; later, also longer distances. And I can tell you, it really feels great. My mood is better, and I have much more energy for other things now as well. Sport has become an important part of my life, and if you do it with friends, it's lots of fun, too! *(211 words)*

2. **You are what you eat**

Many people define themselves by what they eat. For a long time, I was the exception: I ate more or less everything that came my way, from burgers to chicken wings.
Then I saw a documentary about industrial farming and how cruelly many animals are treated. After that, everything changed for me: I just couldn't eat meat any longer without thinking about the images I had seen. So I began to change my eating habits, step by step. First, I ate what I had eaten before and just left away the meat and sausages. Then I began to cook "proper" vegetarian meals with lots of pasta, vegetables, etc. Lately, I have begun experimenting with new kinds of food that I hadn't tried before, like tofu and quinoa. I buy them at the organic supermarket near our house. As you can imagine, my family wasn't very happy about my decision to become vegetarian at first. However, after they had tried some of my meals, they were surprised how tasty the dishes were. Now they are trying to include more vegetarian dishes as well, and we often buy and prepare the food together.
For me, being a vegetarian is not a religion and I am not trying to convince others to make the same choice. However, it has become an important aspect of my personality and I certainly feel much happier without eating animals.
(232 words)

3. **Laughter makes us happy**

Hi there,

Sorry I didn't write earlier, but I've just come back from my grandma's birthday party. "How boring …!" I hear you say. Well, it wasn't, at all! Actually, I've never had such a good time.
I don't know whether I've already mentioned my grandparents before, but they are the funniest people I know. When I was younger, they often looked after me and my brother, and when one of us was sad or disappointed, they always found a way to make us laugh. My grandad, for example, knows thousands of jokes, and my grandma always comes up with new ideas for funny walks and trips – she should have been a comedian!
It was the same at the party today. Grandad performed a little sketch for grandma, and after a few minutes, people were begging him to stop because their stomachs already hurt from laughing.
My grandad once said, "People who laugh together won't argue or fight with each other". I think this is true. At least I've never seen as many happy faces as at today's party. *(179 words)*

4. **A friend in need is a friend indeed**

For me, Charlotte is my friend indeed. She is sixteen and I know her because we are at the same school. Charlie – that's her nickname – became a very important person in my life last year. One day, I suddenly passed out at school and when I woke up, I was in hospital. I had to stay there for ten days because the doctors needed to find out what was wrong with me. In those days, Charlie came to visit me every day. She said that she was shocked about my passing out and that she had been very worried. She kept me informed about what was happening at school, brought me the food I liked to eat and, most importantly, made me laugh. However, she also stayed with me when I was really depressed and felt like crying all the time.

After hospital, I had to go to therapy for six weeks because I had lost too much weight. Charlie was allowed to visit me there, too, and we often went for long walks or to have dinner in town. That was a great success for me and her. The time in the clinic was hard, but Charlie was always at my side. She was my ray of hope – much more so than my family with whom I often had arguments. I am more than grateful to have her as my friend, and I hope I will be there for her, too, whenever she needs me. *(246 words)*